Serie de Teoría Jurídica y Filosofía del Derecho N.° 61

Cuestiones probatorias

Gascón Abellán, Marina

    Cuestiones probatorias / Marina Gascón Abellán. -- Bogotá :
Universidad Externado de Colombia, 2012.

  212 p. ; 16 cm. -- (Teoría jurídica y filosófica del derecho ; n.º 61)

    Incluye bibliografía.

ISBN: 9789587107623

  **1. Prueba (Derecho) 2. Argumentación Jurídica 3. Evidencia
(Derecho) 4. Fiscales** I. Universidad Externado de Colombia II.
Título III. Serie

    345.72   SCDD 15

Catalogación en la fuente -- Universidad Externado de Colombia.
Biblioteca

                                      Abril de 2014

MARINA GASCÓN ABELLÁN
UNIVERSIDAD DE CASTILLA-LA MANCHA

Cuestiones probatorias

Universidad Externado de Colombia

Serie orientada por Carlos Bernal Pulido

ISBN 978-958-710-762-3

©   **2012, MARINA GASCÓN ABELLÁN**
©   **2012, UNIVERSIDAD EXTERNADO DE COLOMBIA**
     Calle 12 n.º 1-17 este, Bogotá
     Tel. (57-1) 342 0288
     publicaciones@uexternado.edu.co
     www.uexternado.edu.co

Primera edición: marzo de 2012

Ilustración de cubierta: *Palacio. Lugar,* por Cosme Ibáñez Noguerón,
óleo sobre lienzo, 2011, Melilla.
Composición: Departamento de Publicaciones

CONTENIDO

PRESENTACIÓN

La libertad aparece sólo cuando no se abusa del poder. Esta idea elemental sobre la que descansa la ideología del constitucionalismo ha generado una cultura de vínculos y frenos al poder que, por obvias razones históricas, se ha desarrollado con fuerza en el pasado siglo. Por eso no puede resultar llamativo que, paralelo a esa cultura, se haya realizado un esfuerzo sin precedentes por diseñar modelos de racionalidad que permitan contener el ejercicio de ese poder formidable que es el poder judicial. El esfuerzo más notable por dotar de racionalidad los espacios de decisión no reglada es sin duda el desarrollado en las últimas décadas desde la teoría de la argumentación jurídica. Sin embargo, estos estudios se han centrado prevalentemente en la vertiente normativa de la decisión judicial y han mostrado una escasa preocupación por los problemas relativos a la prueba. Como si el juicio de hechos no planteara problemas; o –lo que resulta más inquietante– como si, planteándolos, fuera un espacio de decisión abocado sin remedio a la discrecionalidad extrema, cuando no a la pura y simple arbitrariedad. De esta parte menos atendida del ejercicio del poder judicial me ocupo justamente aquí.

Los estudios que componen este trabajo forman parte del capítulo de reflexiones sobre la prueba que he venido realizando a lo largo de los últimos quince años. Los temas que abarcan son muy variados, aunque todos ellos están unidos por una línea argumental común: no es asumible una concepción puramente irracional o subjetiva del juicio de hecho, ni es tampoco aceptable una visión ingenua, acrítica o mecanicista del mismo. Lo primero, porque el juicio de hecho (o la valoración de la prueba, que es su núcleo esencial) no puede contemplarse como un modo libérrimo de construcción de una verdad procesal ajena al control de los hechos. Lo segundo, porque dicho juicio está sometido a serias limitaciones epistémicas e institucionales que hacen que sus resultados no puedan ser aceptados como incontrovertibles sino sólo como probables, por más alta que esta probabilidad pueda ser. Simplemente, el juicio de hecho es tan problemático o más que el juicio de derecho; es un ámbito de esencial incertidumbre y no de certezas incuestionables; es, en definitiva, el espacio de ejercicio del poder judicial menos reglado y donde en consecuencia el juez puede ser más arbitrario. Es precisamente la conciencia de ese inmenso poder que el juez administra lo que auspicia algún tipo de control sobre la libre valoración. Si así no fuese, la valoración más que libre sería libérrima, subjetiva e incontrolable ("íntima" o "en conciencia", en la sorprendente terminología al uso), con lo cual se abandonaría la racionalidad para entrar en el campo del puro decisionismo judicial. Un mínimo compromiso con el constitucionalismo exige dotar de racionalidad ese espacio de la decisión judicial tantas veces opaco a cualquier control.

I. CONCEPCIONES DE LA PRUEBA JUDICIAL

1. *QAESTIO IURIS, QUAESTIO FACTI*

La actividad judicial es notablemente compleja pero puede ser reconstruida como un razonamiento en el que, a partir de unos hechos acreditados y de una norma que asigna una consecuencia jurídica a esos hechos, se concluye con una decisión sobre los mismos. Ello significa que al aplicar el derecho los jueces se enfrentan a problemas jurídicos o normativos y a problemas fácticos o empíricos. Los primeros (los problemas de la *quaestio iuris*) consisten en esclarecer qué dice el derecho para unos determinados hechos; o más exactamente, en identificar la normativa aplicable e interpretarla. Los segundos (los problemas de la *quaestio facti*) consisten en fijar cuáles han sido los hechos que han dado origen al conflicto. Es verdad que antes de enfrentarse a la determinación de los hechos que están en la base del conflicto los jueces deben realizar una operación que algunos llaman de *interpretación de los hechos*, consistente en determinar, de entre todos los datos fácticos que rodean un caso, cuáles son relevantes para el derecho. Pero esta una operación muy vinculada a la selección e interpretación de la normativa aplicable y por consiguiente integrada en el universo de problemas normativos propios de la *questio iuris*. Los genuinos problemas de la *quaestio facti* son sólo los que plantea la prueba o acreditación de esos hechos relevantes de los que depende la decisión judicial y que constituyen el meollo del juicio de hecho. Lo que es importante destacar, en suma, es que la *quaestio iuris* y la *quaestio facti* responden a momentos de decisión (y por tanto de poder) diferentes que plantean problemas diferentes (de conocimiento e interpretación de las normas en un caso, de conocimiento del mundo en el otro)[1]. Pero hay que reconocer que esta no es una cuestión pacífica.

En el plano jurídico, en efecto, la distinción la *quaestio iuris* y la *quaestio facti* ha sido doblemente cuestionada. Por una parte, argumentando que la *quaestio facti* concierne a los hechos jurídicamente calificados y no a los hechos brutos; o si se quiere, que la premisa fáctica del silogismo judicial no es un simple enunciado descriptivo de un acontecimiento sino el resultado de una operación judicial mediante la cual se califican unos hechos, y esa operación de calificación jurídica de los hechos tiene naturaleza

---

[1] "Desde un punto de vista lógico debe distinguirse cuidadosamente entre los problemas de conocimiento de hechos y los problemas de calificación jurídica de los hechos. Los primeros son problemas empíricos, mientras que los segundos son problemas de interpretación" (R. Guastini, "L'interpretazione rivisitata", *Distinguendo. Studi di teoria e metateoria del diritto*, Torino, Giappichelli, 1996, p. 201, nota 30).

normativa. Por ejemplo –se dice– que Manuel sea
un asesino es algo que depende de la norma jurídica
que establece qué es un asesinato. Obviamente no se
niega la existencia de los "hechos brutos" denotados
por la calificación jurídica (por ejemplo, que Manuel
planeó y ejecutó la muerte de Martín poniendo una
sustancia letal en su copa), pero se afirma que lo que
se conoce como "fijación de los hechos" en el proceso
es inseparable de su calificación jurídica. O incluso
más, desde ciertas posiciones hermenéuticas se sostiene
que la norma y el hecho integran un fenómeno de
conjunción y que, en definitiva, el hecho en el proceso
nunca se concibe y expresa aisladamente, en función
de su existencia meramente factual, sino en esencial
relación con una norma jurídica[2]. Por otra parte, la
distinción también se ha cuestionado argumentando
que lo que cuenta como *quaestio facti* y lo que cuenta
como *quaestio iuris* varía de sistema en sistema, y a

[2] Esta es, por ejemplo, la tesis de J. D. JACKSON, "Questions of Fact
and Questions of Law", en W. TWINING (ed.), *Facts in Law*, Wies-
baden, Franz Steiner Verlag, *Archiv für Rechts und Sozialphilosophie*
(ARSP), n.º 16, 1983, pp. 85 ss. Y, en general, la de quienes, desde
la semiótica y la hermenéutica, ven en la justificación jurídica
una historia de tipo narrativo. Vid., por ejemplo, J. LENOBLE, "La
théorie de la cohérence narrative en droit. Le débat Dworkin-
MacCormick", *Archives de Philosophie du droit*, 33, 1988; V. VILLA,
"Normative Coherence and Epistemological Presupposition of
Justification" y G. ZACCARIA, "Hermeneutics and Narrative
Comprehension", ambos en P. NERHOT (ed.), *Law, Interpretation
and Reality. Essays in Epistemology, Hermeneutics and Jurisprudence*,
Dordrecht-Boston-London, Kluwer Academic Pub., 1990.

veces de jurisdicción en jurisdicción, y que esa falta
de unanimidad y claridad legal ilustra la dificultad
de establecer una distinción *a priori* entre ambas[3].

Esta forma de ver las cosas, sin embargo, debe ser
rechazada, pues priva injustificadamente de auto-
nomía al juicio de hecho para diluirlo en la genérica
dimensión normativa de la controversia[4]. Respecto
a la primera cuestión, la calificación jurídica de los
hechos no elimina la existencia de un previo juicio de
hecho de indudable relevancia en la decisión judicial
y al que, como tal juicio de hecho, no puede atribuír-
sele naturaleza normativa. Es más, desde el punto
de vista lógico, éste es un *prius* de aquélla, pues la
calificación comienza precisamente cuando han sido
fijados los hechos. Respecto a la segunda cuestión,
que lo que cuente como *quaestio facti* y como *quaestio
iuris* varíe en la práctica de los sistemas jurídicos no
invalida obviamente la distinción conceptual entre
enunciados fácticos y enunciados normativos. Pone
sólo de manifiesto la falta de unanimidad sobre el
fundamento de la distinción, sobre la definición de
qué sea el hecho y qué el derecho; o incluso al revés:
que gran parte del problema que suscita la distinción
entre hechos y derecho deriva de que ésta se formula
muchas veces no en función de unas supuestas cua-

---

[3]　De nuevo J. D. Jackson, "Questions of Fact and Questions of
Law", cit., p. 87.

[4]　Así lo ve M. Taruffo, *La prueba de los hechos*, traducción cast.
de J. Ferrer, Madrid, Trotta, 2002, pp. 69-70.

lidades intrínsecas de los hechos o del derecho, sino con el objeto de delimitar ámbitos jurídicos basados en esa distinción, por ejemplo, el recurso de casación[5].

Claro está que la distinción entre el juicio jurídico y el juicio de hecho no obsta para que muchas veces pueda resultar empíricamente difícil distinguirlos con nitidez, pues en el juicio judicial fáctico pueden estar también presentes juicios jurídicos[6]; pero ello no impide que sea posible trazar una distinción conceptual entre ambos tipos de juicio. Es más, la distinción no es sólo conceptualmente posible, sino también oportuna a fines normativos y explicativos. Lo primero porque muchos ordenamientos fundan sobre esa distinción figuras relevantes, como el recurso de casación[7]. Lo segundo porque permite analizar y entender fenómenos empíricamente complejos mejor que las concepciones globalizadoras.

Esto último resulta especialmente interesante, pues afirmar la dimensión netamente fáctica (y no normativa) del juicio de hecho nos empuja a abrir su análisis

---

[5] Ibídem, p. 69, notas 9 y 10.

[6] Esto sucede particularmente cuando en el supuesto de hecho de la norma están presentes conceptos que han de ser llenados con juicios de valor (como daño grave, trato vejatorio, administración imprudente, acto obsceno); y también cuando el hecho que se pretende probar es un "hecho jurídico" (como mayor de edad, propietario, casado). En ambos casos el juicio fáctico se reconduce a un proceso de calificación jurídica.

[7] Vid. P. COMMANDUCCI, "La motivazione in fatto", en *La conoscenza del fatto nel processo penale*, G. UBERTIS (comp.), Milano, Giuffrè, 1992, p. 225.

a los modelos de racionalidad empírica, y, más aún, a examinar las posibilidades (y las dificultades) de la razón empírica en el proceso. Y en este punto resulta ya oportuno adelantar la siguiente reflexión. Ligar el juicio de hecho a la razón empírica implica desde luego vincularlo a su "miseria", pero también a su "grandeza". A su miseria porque, aunque el conocimiento racional se ha identificado casi siempre con la obtención de certezas absolutas, lo cierto es que el conocimiento empírico no es capaz de garantizar esa calidad de certeza sino que sólo conduce a supuestos o hipótesis válidas, es decir apoyadas en hechos que las hacen probables. Las nuevas epistemologías empiristas han levantado acta de esta situación y han contribuido así a resquebrajar la fe en un absoluto epistemológico. No se trata, naturalmente, de disuadir de la confianza en nuestras experiencias, pero sí de prevenir frente a la tendencia a atribuir infalibilidad a las mismas. Máxime cuando se trata de experiencias mediatas, como sucede en el conocimiento judicial de los hechos o en cualquier tipo de conocimiento de hechos pasados. Pero supone vincularlo también a su grandeza, porque nada de esto autoriza a abdicar de la objetividad o racionalidad del conocimiento alcanzado[8]. Al contrario, hay razones para confiar en

---

[8] Como afirma H. Putnam, "ninguna persona cuerda debería creer que algo es 'subjetivo' meramente porque no puede ser situado más allá de la controversia", *Las mil caras del realismo* (1987), trad. cast. de M. Vázquez y A. M. Liz, Barcelona, Paidós, 1994, p. 139.

una racionalidad empírica que recupera, a través del concepto de probabilidad, un elemento de objetividad.

2. Dos concepciones extremas

El análisis de la prueba judicial, en tanto que juicio de hechos, requiere tomar postura sobre la naturaleza, posibilidades y límites del conocimiento empírico, es decir, requiere adoptar una epistemología, pues cada modelo legal de prueba (o cada praxis jurisprudencial) descansa sobre una cierta concepción epistemológica; y, a su vez, cada concepción epistemológica auspicia un cierto modelo legal de prueba (o una cierta praxis jurisprudencial).

Las epistemologías que pueden adoptarse se mueven entre dos posiciones "extremas". La primera (*objetivista fuerte o acrítica*) entiende que la objetividad del conocimiento radica en su correspondencia o adecuación a un estado de cosas existente en un mundo independiente y, al concebir además el conocimiento como un proceso guiado por reglas más o menos seguras, se confía en la obtención de certeza absoluta. La segunda (*subjetivista o constructivista*) entiende que la objetividad del conocimiento deriva de nuestros esquemas de pensamiento y juicios de valor; es decir, que el conocimiento del mundo está "contaminado", es irreductiblemente subjetivo; o lo que es lo mismo, que la verdad de los enunciados fácticos está muy vinculada al contexto. Por eso, en sentido estricto, no cabe hablar de un "conocimiento

objetivo". La verdad, entendida como correspondencia, carece de sentido.

En la ciencia y en la praxis procesal cabe encontrar
concepciones de la prueba que pueden considerarse
reflejo de estas epistemologías. La epistemología
objetivista acrítica se refleja en la concepción de la
prueba que entiende que los procedimientos probatorios se encaminan a reconstruir lo acaecido en un
mundo objetivo y además proporcionan –o se actúa
con la ideología de que proporcionan– un resultado
incontrovertible. Se trata, pues, de una concepción
cognoscitivista acrítica de la prueba. "Cognoscitivista"
porque concibe la prueba como un instrumento de
conocimiento o como un modo de averiguar la verdad, en el sentido de ajuste de nuestras creencias a un
mundo independiente y objetivo. "Acrítica" porque se
confía en que el juez (el buen juez, se entiende, el que
no prevarica y aplica con destreza y responsabilidad
las reglas de su oficio) puede alcanzar la verdad. Esta
concepción de la prueba está sobre todo presente en la
interpretación tradicional del principio valorativo de la
libre convicción. Ciertamente, la libre convicción, que
en sus orígenes ilustrados suponía –frente a la prueba
legal– que el carácter probable y en sí mismo nunca
concluyente de la prueba había de complementarse
con el convencimiento del juez, se ha venido interpre-
tando como una *valoración libre o independiente de toda
regla;* como una especie de momento íntimo, místico,
capaz de suplantar a las pruebas o, cuando menos, de

permitir su ponderación discrecional y no discutible[9].
Esta interpretación de la libre convicción ha permitido
a la ciencia y a la praxis procesal eludir el problema
de la justificación del juicio de hecho. Y el resultado es
el que cabía esperar. La concepción que suelen tener
los juristas sobre de los hechos enjuiciables "consiste
simplemente en dar por descontada la posibilidad
de que en el proceso se asegure su verdad"[10]. Lo que
tal vez explique el comentado descuido de la teoría
de la argumentación hacia la prueba, así como la
sorprendente inclinación forense a atribuir al juicio
de hecho naturaleza "deductiva", "demostrativa"
o "analítica". Con razón afirma FERRAJOLI que esta
libérrima libertad del juez para valorar las pruebas
dio lugar "a una de las páginas políticamente más
amargas e intelectualmente más deprimentes de la
historia de las instituciones penales"[11].

---

[9] Esta interpretación de la libre convicción está muy arraigada
en la ideología de los juristas y ha llegado incluso a definirse
como la convicción adquirida con la prueba de autos, *sin* la
prueba de autos y *contra* la prueba de autos; vid. E. J. COUTURE,
"Las reglas de la sana crítica", *Estudios de Derecho Procesal Civil*,
Buenos Aires, 1949, II, p. 221. Vid. también, en tono crítico, P.
ANDRÉS IBÁÑEZ, "Acerca de la motivación de los hechos en la
sentencia penal", *DOXA*, 12, 1992.

[10] M. TARUFFO, "Note sulla verità dei fatti nel processo civile",
en *Le ragioni del garantismo*, L. GIANFORMAGGIO (ed.), Turín,
Giappichelli, 1993, p. 361. Vid. también L. FERRAJOLI, *Derecho
y Razón. Teoría del Garantismo Penal* (1989), trad. P. ANDRÉS, J.
C. BAYÓN, R. CANTARERO, A. RUIZ MIGUEL y J. TERRADILLOS,
Madrid, Trotta, 1995, p. 119.

[11] L. FERRAJOLI, Ibídem, p. 139.

La adopción de una epistemología *constructivista
o subjetivista* en el proceso de prueba, por su parte,
se manifiesta en aquellas propuestas que, o bien pos-
tergan la averiguación de la verdad en favor de otras
finalidades prácticas del proceso, o bien llevan el
inevitable subjetivismo presente en la valoración de
la prueba a tal grado de intuicionismo que arruinan
cualquier posibilidad de control racional del juicio
de hecho.

La primera tesis se vincula a la teoría del *adver-
sary system y,* en general, a las posiciones ideológicas
del proceso civil que conciben a éste esencialmente
como un instrumento para la resolución de conflictos[12]. Pero –repárese– si el objetivo del proceso es
dar una solución práctica al conflicto, entonces no
será necesario que la prueba se oriente a averiguar la
verdad de los hechos litigiosos: bastará con obtener
un "resultado formal" que sea operativo. Aunque
en rigor la verdad de los hechos no es aquí algo que
deba perseguirse, es evidente que en la práctica estas
posiciones descansan sobre un concepto de verdad en
virtud del cual "verdadero es lo que resulta probado
en el proceso". Es más, podría incluso pensarse que
la comprobación de la verdad es un obstáculo para
la rápida solución de la controversia.

---

[12] Vid. M. Taruffo, "Modelli di prova e di procedimento probatorio", *Rivista di Diritto Processuale,* xlv, 2, 1990, pp. 429 ss. y M. R.
Damaska, *The Faces of Justice and State Authority: A comparative
Approach to the Legal Process,* New Haven, Yale University Press,
1986.

La segunda tesis está representada por las corrientes antiformalistas, para las que la prueba es una actividad esencialmente subjetiva y por ello irracional o incontrolable. Estas tendencias encuentran su versión más extrema en el llamado "escepticismo ante los hechos", de JEROME FRANK, que exalta tanto el papel de los procesos psicológicos del juez en la valoración de la prueba, que arruina la aspiración a determinar cuáles han sido realmente los hechos acaecidos[13].

En cualquier caso todas estas propuestas alimentan una concepción *persuasiva* de la prueba que entiende que la finalidad de ésta es sólo persuadir con el objetivo de obtener una resolución favorable. Por ello la prueba, en cuanto actividad consistente en comprobar la verdad de los enunciados fácticos, es un sinsentido: ni siquiera puede discutirse si el conocimiento del juez es correcto o equivocado; simplemente está persuadido. Por lo demás, una concepción de este tipo es compatible con (y, más aún, implica) una concepción irracional de la valoración de la prueba. De un lado, "porque la persuasión de un sujeto sobre algo es un estado psicológico y nada más"; de otro, porque la persuasión podrá fundarse sobre cualquier cosa que haya influido en la formación de ese estado psicológico, y no necesariamente en la producción de pruebas[14].

---

[13] De J. FRANK, principalmente, su *Law and the Modern Mind* (1930), Gloucester, Mass., Peter Smith, 1970.

[14] Cfr. M. TARUFFO, "Algunas consideraciones sobre la relación

3. Verdad y prueba: una concepción cognoscitivista de la prueba

El panorama que se acaba de dibujar, así como sus posibilidades de superación, puede analizarse recurriendo a la distinción entre los conceptos de verdad y prueba, entendiendo por *verdad* la correcta descripción de hechos independientes (es decir, el concepto de verdad como correspondencia) y por *prueba* la descripción de los hechos formulada en el proceso[15]. Nótese también que en la literatura procesal y en la jurisprudencia es frecuente aludir al concepto de *verdad* con el término *verdad objetiva o material* y al de *prueba* con el de *verdad procesal o formal*, y en la medida en que se tenga claro su significado no veo gran inconveniente –salvo, naturalmente, el de la falta de rigor conceptual– en seguir utilizando este binomio[16].

Así definidos los términos, podría decirse que tanto la concepción objetivista fuerte de la prueba como la subjetivista conducen a una *anulación de la dualidad verdad-prueba*, si bien en cada caso por razones diferentes. En el primer caso, la anulación se produce por una identificación entre ambos conceptos: *la declaración*

---

entre prueba y verdad", *Discusiones*, n.º 3 (2003), pp. 32-33.

[15] Sobre la distinción entre verdadero y probado, vid. más ampliamente J. Ferrer, *Prueba y verdad en el derecho*, Madrid, Marcial Pons, 2002. En especial el capítulo ɪɪ.

[16] J. Ferrer, ibídem, critica en cambio el uso de esta terminología, justamente por su falta de rigor conceptual.

de hechos probados de la sentencia es la expresión o reflejo de la verdad, porque los procedimientos probatorios proporcionan –o se actúa con la ideología de que proporcionan– resultados infalibles. En el segundo, la anulación se asienta en una impugnación de la idea de conocimiento objetivo: *no hay más verdad que la procesalmente conocida y declarada*. Con el mismo corolario inquietante: los jueces serían, por definición, infalibles.

Ahora bien, nótese que el concepto de *verdad* (o de verdad objetiva) traduce, en relación con el de *prueba* (o de verdad procesal), un *ideal*, y en esta medida dicha distinción tiene la virtualidad de poner de relieve las inevitables limitaciones que el procedimiento probatorio padece a la hora de averiguar lo que efectivamente ha sucedido: aunque sólo la verdad procesalmente declarada resulta jurídicamente relevante, no es infalible, y desde luego puede ser distinta (de mayor pero también de menor calidad) a la obtenida a través de otros procedimientos que no tengan las trabas y limitaciones procesales[17]. Por eso la distinción entre estos dos conceptos no sólo es posible sino incluso *necesaria* si se quiere dar cuenta del carácter autorizado pero falible de la declaración

---

[17] Como afirman C. ALCHOURRÓN y E. BULYGIN, podrá decirse que la verdad procesal "es *final*, en el sentido de que pone fin a la controversia, (¡pero poner fin a la discusión sobre la verdad no hace verdadero el enunciado!)", "Los límites de la lógica y el razonamiento jurídico", *Análisis lógico y derecho*, Madrid, CEC, 1991, p. 311.

de hechos de la sentencia. Es más, la distinción juega también un importante *papel metodológico*, pues pone de manifiesto la necesidad de establecer garantías (epistemológicas) para hacer que la declaración de hechos probados obtenida en el proceso se aproxime lo más posible a la verdad.

En cualquier caso, la distinción entre *verdad* y *prueba* exige abandonar las concepciones epistemológicas que están en la base de las dos identificaciones comentadas y adoptar otra en la que, por un lado, tenga sentido la aspiración a conocer los hechos efectivamente acaecidos –porque éste es el sentido de la verdad– y, por otro, no se ignore la relatividad del conocimiento alcanzado –porque relativa es, por definición, la declaración de hechos probados de la sentencia. Es decir, una concepción epistemológica que, sin renunciar a un cierto objetivismo, tome en serio las tesis sobre la carga subjetiva del conocimiento y su inevitable fragilidad.

La epistemología a la que acabamos de aludir podría denominarse *objetivismo débil o crítico*. "Objetivismo" porque entiende que la objetividad del conocimiento radica en su correspondencia o adecuación a un mundo independiente; "débil o crítico" porque toma en serio las tesis sobre la inevitable relatividad o contextualización, y por consiguiente sobre las limitaciones, del conocimiento obtenido en el proceso. Se trata, en definitiva, de una epistemología que mantiene que existen hechos independientes que podemos conocer aunque el conocimiento alcanzado sea siempre imperfecto o relativo. La concepción de la prueba que deriva de esta epistemología es la *cognoscitivista*[18], que concibe la prueba como actividad encaminada a averiguar la verdad sobre los hechos controvertidos o litigiosos, es decir como actividad cognoscitiva fundada en el saber y no en el poder[19], pero un saber que es siempre imperfecto y relativo. El cognoscitivismo, pues, mantiene claramente diferenciados los conceptos de verdad y prueba y se caracteriza por las siguientes notas:

1°. Decir que un enunciado fáctico *es verdadero* significa que los hechos que describe han existido o existen en un mundo independiente; o sea, que es correcta, en el sentido de que se corresponde con la realidad, la descripción de hechos que formula. Por eso el *concepto de verdad* requerido es el semántico de la *correspondencia* o adecuación (entre el enunciado y los hechos que describe) y no el sintáctico de la *coherencia* (la verdad consiste en la coherencia del conjunto de los enunciados) o el pragmático de la *aceptabilidad justificada* (un enunciado es verdadero si el criterio para aceptarlo como verdadero está justificado)[20]. Estos

---

[18] O cognoscitivista *crítica*, si se quiere, para diferenciarla de la que hemos denominado un poco más arriba como cognoscitivismo *acrítico*, por ignorar la relatividad y falibilidad del conocimiento alcanzado.

[19] L. FERRAJOLI, *Derecho y Razón*, cit., p. 623.

[20] La concepción de la verdad como correspondencia goza de una larguísima tradición. Está ya presente en ARISTÓTELES y ha sido defendida y estudiada por algunos filósofos analíticos como B. RUSELL y L. WITTGENSTEIN, aunque quizás la elaboración más depurada se halle en la teoría semántica de la verdad de

últimos pueden ser un test o criterio de verificación, pero no son la verdad[21].

2°. Decir que un enunciado fáctico *está probado* significa que ha sido verificado, o sea, que su verdad ha sido comprobada. Por eso la expresión "probar un hecho" significa en rigor "comprobar la verdad de la afirmación de la existencia del hecho".

3°. Si se usa el concepto de verdad como correspondencia, el principal *criterio de prueba* de los enunciados fácticos (el criterio para aceptarlos como verdaderos) es la *contrastación empírica*. Por ello la prueba de los enunciados que registran experiencias inmediatas se obtendrá por observación y la del resto de los enunciados tendrá que hacerse por medio de sus relaciones lógicas con estos. Y de aquí deriva ya, para el derecho sustantivo, una exigencia: en la formulación del supuesto de hecho sólo deben admitirse enunciados

---

A. TARSKI ("The Concept of Truth in formalized Languages", 1931), ahora en *Logics, Semanthics and Metamathematics*, Oxford, Clarendon Press, 1956.

[21] El manejo de la coherencia (o "coherencia narrativa") como concepto de verdad es propio de algunas corrientes narrativistas instaladas en la semiótica o en la hermenéutica. Se ocupa en cambio de la coherencia como criterio o test, y no como concepto, de verdad N. McCORMICK, "The coherence of a Case and the Reasonableness of Doubt", *Liverpool Law Review*, 2, 1980. Por su parte, una depurada teoría pragmatista de la verdad es la de J. HABERMAS, "Teorías de la verdad"(1973), ahora en *Teoría de la acción comunicativa: complementos y estudios previos*, trad. de M. JIMÉNEZ REDONDO, Madrid, Cátedra, 1989, o la de H. PUTNAM, *Pragmatism*, Oxford, Blackwell, 1995.

fácticos empíricamente contrastables, esto es, enunciados de los que quepa comprobar su verdad (en el sentido de correspondencia con la realidad) mediante contrastación empírica (directa o indirectamente).

4°. Puesto que *verdadero* y *probado* son conceptos diferenciados, desde el cognoscitivismo se asume que la declaración de hechos probados de la sentencia puede ser falsa.

En el plano judicial, esta concepción cognoscitivista de la prueba resulta particularmente adecuada tanto desde un punto de vista conceptual como valorativo. *Conceptualmente* porque el concepto de verdad como correspondencia es el que más se ajusta a las *intuiciones* de los hablantes y al *objetivo del proceso de prueba*, que no es otro que averiguar lo efectivamente acaecido[22]. Cuando el juez declara que ciertos hechos son la verdad no pretende con ello formular un enunciado que sea coherente con otros o que pueda ser aceptado por cualquier razón. Lo que pretende es describir los hechos tal y como sucedieron; lo que por cierto es común al concepto de verdad usado

---

[22] Salvo que se maneje una concepción persuasiva de la prueba, averiguar la verdad es el objetivo irrenunciable del proceso. Y ello porque, como afirma M. TARUFFO, si se entiende que la función del proceso es aplicar la ley y que una decisión sólo es correcta o justa desde la perspectiva del derecho si es verdadero el enunciado que integra la condición de aplicación de la norma, entonces la averiguación de la verdad es un fin, o un valor instrumental, que debe perseguirse en orden al fin principal del proceso. "Algunas consideraciones sobre la relación entre prueba y verdad", en *Revista Discusiones*, n.° 3 (2003), pp. 43-57.

en las múltiples facetas de la vida cotidiana. Pero resulta sobre todo *valorativamente* adecuada porque, al distinguir entre "verdadero" y "probado", permite –como señala Ferrajoli– mantener una actitud epistémica no dogmática: "permite sostener la hipótesis de que un imputado podría ser inocente (o culpable) aunque tal hipótesis haya sido rechazada en todas las instancias de un proceso y esté en contraste con todas las pruebas disponibles"[23]. De hecho, esta es la concepción de la prueba normativamente exigida por la ideología del garantismo: el modelo procesal garantista, que puede llamarse cognoscitivista, "es el que se orienta a la averiguación de una verdad procesal empíricamente controlable y controlada, aunque necesariamente reducida y relativa"[24]. Por lo demás, el cognoscitivismo permite articular un modelo teórico de prueba (el modelo cognoscitivista) desde el que analizar los procedimientos legales y la praxis judicial existente, así como evaluar esos procedimientos y prácticas y avanzar en su caso propuestas normativas[25].

---

[23] L. Ferrajoli, *Derecho y Razón*, cit., p. 67, que se refiere a la mayor adecuación valorativa del concepto de verdad como correspondencia frente a otros conceptos de verdad, como el de coherencia. En el mismo sentido, C. Alchourron y E. Bulygin, "Los límites de la lógica...", cit., p. 312.

[24] L. Ferrajoli, *Derecho y Razón*, cit., p. 540.

[25] He argumentado ampliamente sobre este modelo en M. Gascón, *Los hechos en el derecho. Bases argumentales de la prueba*, Madrid, Marcial Pons, 3.ª ed., 2010.

Naturalmente el cognoscitivismo por el que aquí se
aboga no es una concepción de la prueba novedosa.
En la Ilustración jurídica ya se había producido un
acercamiento a la misma que se reflejaba, no sólo en la
afirmación de los hechos como base del reproche penal
y de la prueba, sino también en que, en consonancia
con la epistemología dominante, ese papel protagonista que se atribuía a los hechos no implicaba una
creencia acrítica en la infalibilidad de los resultados
probatorios. Los juristas de la Ilustración conocían que
el juez puede engañarse y desgraciadamente se engaña
a menudo; que las pruebas evidentes, indubitables o
demostrativas son harto raras en la práctica y que las
circunstancias de los hechos no resultan siempre con
la evidencia que es menester. Conocían, en definitiva,
que los hechos no son demostrables deductivamente
a partir del material probatorio, de manera que la certeza de los mismos nunca es absoluta, sino, si acaso,
relativa, y que precisamente por ello el juez no podrá
jactarse de conocer perfectamente la verdad[26]. En
suma, la filosofía ilustrada insistió reiteradamente en
la *fisonomía probabilística* que revestía el conocimiento

---

[26] Vid. al respecto J. Bentham, *Tratado de las pruebas judiciales*, obra
compilada de los manuscritos del autor por E. Dumont (1823),
trad. de M. Rvvrur, Buenos Aires, ejea, 1971; J. P. Forner,
Discurso sobre la tortura (1792), edición de S. Mollfulleda,
Barcelona, Crítica, 1990; o G. Filangeri, *Ciencia de la legislación*
(1780-85), trad. de J. Rivera, Madrid, Villalpando, 1821.

de los hechos, y por tanto en la posibilidad del error judicial y de la condena del inocente[27].

Por lo demás, también en los planteamientos más reflexivos de la actualidad se aprecia una afirmación de esta concepción. Primero porque todos los sistemas, incluso los que habían confiado en la posibilidad de obtener una verdad objetiva e incuestionable en el proceso, son conscientes de la naturaleza "contaminada" del conocimiento de hechos y del carácter *probabilístico* de sus resultados. Pero además porque todos los sistemas, incluso aquellos sobre los que se había levantado el subjetivismo más extremo, conciben hoy la prueba como verificación (en términos de probabilidad) de las distintas hipótesis de *reconstrucción de los hechos* de la causa. En suma, la prueba se concibe como una actividad racional tendente a reconstruir los hechos efectivamente acaecidos, pero al mismo tiempo como fuente de un conocimiento probable.

Son dos las razones que acreditan el carácter meramente probabilístico y por ende falible del resultado alcanzado mediante la prueba judicial. De un lado razones *epistemológicas*: el razonamiento probatorio está constituido básicamente por inferencias induc-

---

[27] Este último es un aspecto que merece destacarse, porque la apelación al error judicial fue uno de los argumentos predilectos en favor de la abolición de la pena capital y de la reforma de las leyes penales y procesales. Es verdad que el origen de esos errores se imputaba al procedimiento inquisitivo y a las prácticas judiciales de la época, pero sin duda reposaba también en la concepción probabilística del conocimiento de hechos.

tivas basadas en leyes probabilísticas o incluso en generalidades sociales sin demasiado fundamento científico. De otro lado razones *institucionales*: la prueba judicial, en cuanto actividad encaminada a averiguar la verdad de los hechos de la causa, no es una actividad libre sino que se desarrolla a través de un más o menos estricto sistema de reglas y cauces institucionales que muchas veces limitan y otras claramente impiden la consecución de ese objetivo. Me ocuparé de este último aspecto más tarde, en el capítulo tercero. Afrontaré ahora, en el capítulo segundo, ese otro rasgo fundamental del razonamiento probatorio (su carácter prevalentemente inductivo) que tiene consecuencias decisivas para el diseño de modelos racionales de valoración de la prueba.

II. RAZONAMIENTO, VALORACIÓN, ESTÁNDARES

1. LA INDUCCIÓN COMO RACIONALIDAD
DEL PROCEDIMIENTO PROBATORIO

1.1. Prueba e inducción

En el lenguaje jurídico el término prueba es polisémico, pues se usa para designar a) las *informaciones* que sirven para averiguar o acreditar los hechos controvertidos relevantes para la causa; b) los *medios de prueba*, es decir, las actividades (la declaración testifical, la realización de una pericia, la aportación de un documento...) mediante las que las tales informaciones se incorporan al proceso; c) el *procedimiento intelectivo* mediante el cual, a partir de esas informaciones aportadas al proceso, se averiguan o acreditan los hechos; y d) el *resultado probatorio* o conocimiento ya obtenido del hecho controvertido. Aquí nos interesa el tercer uso del término: prueba como procedimiento intelectivo de acreditación de los hechos litigiosos. Pero antes de aludir a sus particularidades conviene recordar una obviedad.

Aunque por comodidad suele hablarse de *prueba de los hechos,* identificándola *grosso modo* con la fijación de los hechos relevantes para la decisión judicial, esta forma de hablar no es del todo exacta, pues lo que se prueban no son hechos sino *enunciados sobre hechos*. De manera que la expresión "probar un hecho" no es más que una elipsis, una forma de decir "probar la hipótesis de que los hechos han sucedido"[28]. Ahora bien, la prueba de los (enunciados sobre) hechos no es un asunto trivial, pues, aparte de las trabas institucionales que padece, a las que me referiré en el capítulo próximo, está sometido a limitaciones epistémicas que afectan a la calidad del resultado alcanzado y que tienen que ver con que esos enunciados versan por lo general sobre hechos del pasado.

En algunos casos, en efecto, la verdad de los enunciados fácticos relevantes para la causa puede conocerse mediante observación de los hechos a que hacen referencia, es decir, mediante lo que puede denominarse *prueba observacional*, cuyo grado de certeza puede considerarse absoluto. Por ejemplo, el enunciado "ardieron veinte hectáreas de bosque" admite prueba observacional mediante una medición de la superficie quemada. "Reconocimiento judicial" es el *nomen iuris* que suele recibir este medio de prueba en el proceso. Sin embargo, por regla general, el juez

---

[28] Aunque cómodo, resulta absolutamente incorrecto hablar de "prueba de un hecho", pues un hecho no se puede probar, sino que sólo se lo puede constatar cuando acaece. Lo que se prueba son enunciados asertivos, es decir, proposiciones. Por eso lo correcto sería hablar de "prueba de la verdad de la afirmación de la existencia de un hecho", G. Ubertis, *Fatto e valore nel sistema probatorio penale*, Milano, Giuffrè, 1979, pp. 91 y 92.

ni estuvo presente cuando se produjeron los hechos que declara probados ni los puede observar ahora directamente, de modo que su conocimiento de ellos no es directo o inmediato sino *indirecto o mediato*. Es decir, las pruebas, en estos casos (o sea, casi siempre), no son el resultado directo de la observación, sino de una inferencia que se realiza a partir de otros enunciados.

Algunas de estas inferencias son de carácter deductivo y, por lo tanto, en la medida en que las premisas de las que se parta sean verdaderas, producirán resultados también verdaderos. Es lo que podemos denominar *prueba deductiva*[29]. La coartada y algunas pruebas científicas y biológicas son ejemplos de este tipo de prueba. Las aserciones "A no estaba en el lugar L en el momento T" y "había sangre de A en la ropa de B" podrían probarse mediante coartada en el primer caso y mediante prueba biológica en el segundo. La fuerza deductiva de la coartada, que se despliega a través de la regla lógica del *modus tollens*, se muestra de manera rotunda: la universalidad de la ley en que se apoya (aquélla según la cuál nadie

---

[29] Un razonamiento deductivo válido es aquél en que la conclusión se sigue necesariamente de las premisas; de manera que es absolutamente imposible que las premisas sean verdaderas sin que la conclusión también lo sea. (I. M. Copi, *Introducción a la lógica* (1972), trad. de N. Míguez, Buenos Aires, Eudeba, 1982, p. 25). Por eso este razonamiento se basa en una ley universal, una ley que establece que siempre que se den unas circunstancias se producen necesariamente otras.

puede encontrarse simultáneamente en dos lugares distintos) constituye un punto fijo de nuestra experiencia; salvo que estemos dispuestos a admitir el milagro, o la magia, o el "don" de la ubicuidad. Y lo mismo cabría decir de la prueba de ADN, aunque por distintas razones: en este caso, la universalidad de las reglas que constituyen la premisa mayor de la inferencia deductiva deriva del elevadísimo crédito de que goza en la comunidad científica[30].

De todos modos, y aunque pueda resultar una obviedad, es preciso insistir en la necesidad de separar nítidamente las cuestiones lógicas de las epistemológicas, la validez de la verdad: la *validez* de un argumento deductivo no asegura la *verdad* de la conclusión, pues la conclusión es verdadera "a

---

[30] La jurisprudencia también refleja a veces el carácter deductivo o demostrativo de algunas pruebas científicas, que deriva de la universalidad que se atribuye a las leyes científicas en que tales pruebas se apoyan. Así –se afirma– "si las leyes causales naturales están aseguradas científicamente, constituyen principios de *experiencia obligatoria*" (STS 2207/1993, fundamento segundo). Por ello, con referencia a una prueba de balística, se afirma que "la fuerza de tal prueba científica...es tal, que... la habilidad dialéctica y la persistencia argumentativa [para combatirla]...no puede destruir la *fuerza demostrativa* de la pericia balística", porque "la prueba se basa en conocimientos científicos con apoyo en reglas indudables de comprobación por reiteradas experiencias por laboratorios propios y extraños, reproducida por publicaciones de Técnica Policial y de Balística" (STS 1852/1994, fundamento segundo). Más adelante veremos, no obstante, cómo la atribución de fuerza "demostrativa" a la mayoría de estas pruebas es totalmente infundada.

condición de que" las premisas sean verdaderas. En otras palabras, el uso de medios de prueba deductiva *no garantiza*, por sí mismo, la infalibilidad de los resultados; y no ya, obviamente, por el carácter de la inferencia, sino por la calidad epistemológica de las premisas, en particular las constituidas por aserciones sobre hechos singulares.

En efecto, incluso en las pruebas deductivas fundadas en reglas cuya "universalidad" ni siquiera puede cuestionarse, como la prueba "por signos" (por ejemplo, la fundada en la regla: "el parto es signo de embarazo previo") o la ya mencionada de la coartada (fundada en la regla: "nadie puede estar simultáneamente en dos sitios distintos"), conviene mantener una actitud cautelosa, pues la "premisa menor" de la inferencia deductiva puede ser falsa: puede ser falso que el parto se produjera, o que alguien estuviera en un determinado lugar a una hora precisa. Y con referencia a las pruebas científicas se imponen –como más adelante veremos– cautelas aún mayores. De un lado, porque la fiabilidad de los resultados de una prueba científica dependerá de la validez científica del método usado y de su correcta realización en el laboratorio, o sea de que se hayan seguido los necesarios protocolos y controles y haya sido realizada por personal adecuadamente formado. Pero además, de otro lado, porque no todas las pruebas científicas pueden entenderse, a pesar de su apariencia, como pruebas deductivas. La mayoría de ellas –incluida la del ADN– son de naturaleza estadística, aunque si se han realizado bien y se han usado métodos científi-

camente válidos sus resultados pueden considerarse
dignos de toda confianza, razón por la cual se las
suele asimilar –desde el punto de vista de su grado de
certeza– a las pruebas deductivas. En la gran mayoría
de las pruebas científicas, en definitiva, la pretendida
universalidad de esas leyes no pasa de ser un mito[31].

   Las observaciones que acaban de hacerse son importantes, pues ponen de manifiesto que, pese al aura
de infalibilidad que rodea las pruebas científicas y
todas las de naturaleza deductiva, hay que asumir
como tesis epistemológica general que el grado de

---

[31] La jurisprudencia parece consciente de la naturaleza estadística de
muchas pruebas científicas, pero también de su elevada fiabilidad.
Así, se estima que "las pruebas biológicas en el estado actual del
desarrollo de las ciencias de la investigación de la paternidad
arrojan unos resultados que pueden estimarse de *alta probabilidad*"
(sts 2575/1992, fundamento segundo). Más exactamente, "el
grado de certeza es absoluto cuando el resultado es negativo
para la paternidad; y, cuando es positivo, los laboratorios de
medicina legal señalan grados de probabilidad del 99 por 100"
(sts 7/1994 FJ 2.°). Por ello –se afirma– "nos encontramos ante
una prueba *abrumadoramente demostrativa*... No es necesario que
las pruebas biológicas arrojen un cien por cien de la imputación
de la paternidad, ya que es suficiente que arroje... un alto índice
de probabilidad que acredita de una manera cierta y segura
que se ha producido el hecho del yacimiento y la consecuencia
biológica del embarazo" (sts 2575/1992, fundamento segundo).
Y con referencia a la prueba dactiloscópica, aunque se reconoce
que "la eficacia práctica de la dactiloscopia para la identificación
ha dependido, exclusivamente, del sistema clasificatorio de los
dactilogramas", tal prueba se ha estimado, desde siempre, como
suficiente para enervar la presunción de inocencia por gozar
"de absoluta fiabilidad" (por todas, sts 2814/1993).

conocimiento que proporcionan es sólo el de probabilidad, por más alta que ésta pueda ser.

Pero sin duda el razonamiento probatorio más frecuente es el que vamos a denominar *prueba inductiva*,
pues por inducción, *en sentido amplio*, se entiende todo
aquel tipo de razonamiento en que las premisas, aun
siendo verdaderas, no ofrecen fundamentos conclu-
yentes para la verdad de su resultado, sino que éste
se sigue de aquéllas sólo con alguna probabilidad[32].
Y este es justamente el tipo de razonamiento prevalente en la averiguación judicial de hechos pasados.

En la mayoría de las ocasiones, en efecto, la prueba
de los hechos relevantes para la causa exige echar mano
de leyes que conectan las pruebas existentes, o sea la
información disponible, con una hipótesis sobre esos
hechos (p→h); es decir, leyes que permiten establecer
que, siendo ciertas las pruebas, también lo será la
hipótesis sobre los hechos: [p.(p→h)]→h. Ahora bien,
pese a la apariencia deductiva del razonamiento, su
naturaleza en rigor es inductiva, y ello porque esas
leyes a las que se recurre no son leyes universales sino
simples *regularidades empíricas* que establecen sólo
relaciones de probabilidad; o sea, sólo establecen –de
acuerdo con nuestra experiencia pasada– que si las
pruebas son verdaderas es probable que también lo
sea la hipótesis: "*si p, entonces es probable que h*"[33]. Si

---

[32] Vid. M. Copi, *Introducción a la lógica*, cit., pp. 25 ss.; o M. Garrido,
Lógica simbólica, Madrid, Tecnos, 1978, p. 61.
[33] Por ejemplo, leyes del tipo: si alguien odiaba profundamente

a ello se añade que en el discurso judicial la mayoría de estas regularidades son leyes sociales –por lo tanto leyes sobre la acción humana "libre"– y sobre todo máximas de experiencia basadas en el *id quod plerumque accidit*[34], entonces la naturaleza probabilística de la implicación se muestra todavía más clara, pese a la apariencia deductiva del razonamiento. Tal vez debido a esa apariencia deductiva no ha sido infrecuente que los juristas atribuyesen a sus resultados el valor de una consecuencia necesaria. Pero esto es un error. Una inferencia de ese tipo es una clase de inducción, y por ello, en sentido estricto, lo más que puede decirse es que su resultado no pasa de ser una conjetura, una *hipótesis*, es decir un enunciado que consideramos verdadero aun cuando no sabemos si lo es o no. Ello no significa, desde luego, que no puedan tratarse las hipótesis como verdaderas; es más, hay buenas razones para esperar que el resultado de

---

a otra persona que ha aparecido muerta y / o estaba en el lugar del crimen momentos antes del mismo y / o tenía motivos suficientes para desear su muerte y / o se ha encontrado en su casa el arma del crimen y / o se ha encontrado sangre de la víctima en su ropa, entonces *es probable que* la haya matado.

[34] Las máximas de experiencia, en la célebre definición de Stein "son definiciones o juicios hipotéticos de contenido general, desligados de los hechos concretos que se juzgan en el proceso, procedentes de la experiencia, pero independientes de los casos particulares de cuya observación se han inducido y que, por encima de esos casos, pretenden tener validez para otros nuevos". (Stein, *El conocimiento privado del juez*, Madrid, 1990, p. 42).

una inducción rigurosa sea fidedigno. Significa tan
sólo que, dado que el conocimiento inductivo es sólo
probable, el resultado de la inducción puede ser falso.

1.2. La inducción como racionalidad
de la justificación y de la valoración

Afirmar que la racionalidad propia de la prueba judicial es la inductiva es ya un lugar común en los
planteamientos más reflexivos de la actualidad. Pero
–cabe preguntar– ¿qué significa esta afirmación?,
¿que disponemos de una racionalidad (la inductiva)
para *justificar* la declaración de hechos probados de
la sentencia? ¿o que esa racionalidad inductiva es
también la que guía el *iter* decisional que conduce
a *formular* esa declaración? En otras palabras, ¿la
inducción es (sólo) la lógica de la *justificación* o es
(también) la lógica del *descubrimiento*?

Cuando se afirma el carácter inductivo de la prueba
lo que se señala algunas veces es que la inducción es
(sólo) la racionalidad de justificación de la prueba,
relegando el campo del descubrimiento, bien a la pura
emotividad o irracionalidad, bien a una racionalidad
distinta de la justificatoria, singularmente a la abducción[35]. Sin embargo ninguna de estas dos posturas,

---

[35] Sobre la abducción como lógica del descubrimiento, vid. Ch. S.
PIERCE, *Collected Papers*, C. HARTSHORNE, A. BURKS y P. WEISS
(eds.), Cambridge, Harvard Univ. Press, 8 vols., 1930-58 (4.ª
ed., 1974), esp. 5 y 7. Distingue también entre abducción e inducción N. R. HANSON, *Patrones de descubrimiento. Observación*

que trazan una neta separación entre descubrir y justificar, me parece satisfactoria.

La separación tajante entre descubrir y justificar proviene del campo científico e identifica el descubrimiento con la *formulación* o sugerencia de hipótesis nuevas y la justificación con su posterior *comprobación* o verificación[36]. Ahora bien, esta distinción no puede proyectarse mecánicamente al ámbito de la prueba judicial[37], pues aquí la atención se proyecta sobre la

---

y Explicación (1958-1971), trad. de E. García Camarero y A. Montesinos, Madrid, Alianza, 1977, pp. 25 ss., 51 ss. y 182 ss. Un intento reciente por reconstruir los argumentos probatorios como abducciones para dotar de contenido a las reglas de la sana crítica, puede verse en P. R. Bonorino, "Argumentos Probatorios", en AA. VV. *Proceso, Prueba, Estándar*, Lima, ARA editores, 2009, pp. 119 ss. D. González Lagier, al analizar cuál es el mejor modo de reconstruir el razonamiento probatorio, como inducción o como abducción, entiende que la discusión, en este punto, es estéril. Lo relevante –dice– "es que, se construya de una manera u otra, la conclusión de una inferencia probatoria no puede ser una certeza lógica. Es decir, siempre será probable, en el sentido de grado de probabilidad", "Argumentación y Prueba Judicial", en AA. VV. *Estudios sobre la Prueba*, México, Fontamara, 2008, p. 120. Estoy de acuerdo con esta consideración.

[36] La distinción entre el "contexto de descubrimiento" y el "contexto de justificación" fue una de las importantes contribuciones de J. Herschel a la filosofía de la ciencia, quien insistió en que el procedimiento usado para formular una teoría es estrictamente irrelevante para el problema de su aceptabilidad (*A Preliminary Discourse on the Study of Natural Philosophy*, London, 1831). Con todo, es H. Reichenbach (*Experience and Prediction*, cit., pp. 6-7 y 382) quien expone esta idea con la dualidad contexto de descubrimiento-contexto de justificación.

[37] Sobre lo problemático de trasladar la distinción descubrimiento-

decisión consistente en afirmar que *"h es verdadera (o puede aceptarse como verdadera)"*, afirmación que por lo común no es el resultado de formular una hipótesis nueva sino de comprobar o verificar una hipótesis con la que el juzgador ya se encuentra: la formulada por la parte actora en el proceso civil o por la acusación en el penal. Por eso, la distinción entre descubrir y justificar apropiada en este contexto no tiene que ver con la *función* que se realiza (formular o comprobar la hipótesis), sino con el *punto de vista* desde el que se analiza la afirmación *"h* es verdadera". Hablamos de descubrimiento cuando nos preguntamos *cómo se ha llegado*, de hecho, a esa afirmación. Hablamos de justificación cuando nos preguntamos *cuáles son las razones* que la sostienen. Por lo demás, si la distinción entre descubrir y justificar fuera paralela a la que media entre formular y comprobar las hipótesis, habría que concluir que en el campo del proceso penal acusatorio, por ejemplo, la instrucción es el ámbito del descubrimiento y el juicio oral el ámbito de la justificación; como si la tesis fáctica en que se basa la decisión de acusar con que puede concluir la instructoria no tuviera que justificarse también.

Aclarado esto no resulta aceptable afirmar una separación tajante entre descubrir-valorar y justificar-motivar en el ámbito de la prueba, si con ello quiere indicarse

---

justificación al campo de la argumentación jurídica vid. T. Mazzarese, *Forme di razionalità delle decisioni giudiziali*, Turín, Giappichelli, 1996.

que la valoración, o la adopción de la decisión, forma parte de una racionalidad distinta a la de su posterior justificación o que es, sin más, el campo de la pura subjetividad y emotividad. Quien toma una decisión a sabiendas de que después debe justificarla –y esta es la situación en que se encuentra el juez en los sistemas en que existe obligación de motivar– encuentra ya el ámbito de posibles soluciones circunscrito a las que aparecen como racionalmente justificables[38]. En otras palabras, la adopción de la decisión está guiada por sus expectativas de justificación, y no nos referimos *seriamente* a una hipótesis como verdadera a menos que haya pasado suficientes controles. Por lo demás, relegar la adopción de la decisión al ámbito de la pura subjetividad, al modo de los antiformalismos, es una posición *ideológicamente insostenible*. Pero resulta sobre todo *incomprensible*, pues no se explica bien cómo alguien que es capaz de sostener con razones la verdad de una afirmación ha podido "descubrir" la misma al margen de esas razones. Cabe hablar, pues, de una lógica o racionalidad en la valoración de la prueba, entendiendo por tal *el cumplimiento, en el proceso de valoración, de los estándares de justificación*[39].

---

[38] Vid. G. UBERTIS, *Fatto e valore nel sistema probatorio penale*, Milán, Giuffrè, 1979, cit., pp. 53-54.

[39] D. GONZÁLEZ LAGIER también sostiene que los criterios de solidez de la inferencia probatoria "tienen una doble utilidad: una vez tomada la decisión, sirven para justificarla; pero antes de tomada la decisión, sirven también como guía en el razonamiento dirigido a averiguar la verdad", "Argumentación y prueba judicial",

2. Algunas construcciones doctrinales y jurisprudenciales. Consideraciones críticas

En el discurso de los juristas siguen muy presentes numerosos conceptos y prácticas que ponen de relieve que el carácter inductivo de la prueba, y el valor meramente probabilístico de sus resultados, no ha calado aún plenamente. La extendida, pero confusa, distinción entre prueba directa e indirecta es seguramente uno de los ejemplos más claros. Merece la pena detenerse brevemente en ella con el fin de examinar los acríticos postulados en que se funda, así como también el catálogo de requisitos que habitualmente se exigen a la denominada prueba indirecta o indiciaria.

2.1. *La distinción prueba directa y prueba indirecta o indiciaria*

Entre las muchas distinciones doctrinales sobre la prueba tiene especial relevancia la que se traza entre prueba directa y prueba indirecta o indiciaria, pues a ella se anudan algunas consecuencias importantes, como la diferencia entre niveles de valoración y exigencias de motivación. Aunque no existe unanimidad en el criterio que funda la distinción, puede decirse

---

cit., p. 144. E incluso quienes –como Ferrajoli– resaltan que la inducción es un esquema de validación y no de descubrimiento, no pueden dejar de señalar que "la formulación de las hipótesis actúa siempre en función de alguna confirmación disponible o esperada", *Derecho y razón*, cit., p. 145.

que la concepción "canónica" de la misma, por ser la normalmente usada por la doctrina y sobre todo por la jurisprudencia, entiende por ambos tipos de prueba lo siguiente.

Prueba directa, que se identifica con la *histórica*, es aquella 1.°) en la que el hecho que se quiere probar *surge directa y espontáneamente*, sin mediación alguna ni necesidad de raciocinio, del medio o fuente de prueba y 2.°) es capaz por sí sola de fundar la convicción judicial sobre ese hecho, pues la prueba versa directamente sobre el mismo. Los casos típicos de prueba directa son la testifical y la documental.

Prueba indirecta o *crítica* o *circunstancial* o *indiciaria* es aquella 1.°) en la que el hecho que se quiere probar no surge directamente del medio o fuente de prueba sino que se precisa además del *razonamiento* y 2.°) es incapaz por sí sola de fundar la convicción judicial sobre ese hecho[40].

---

[40] Tomo la definición de estas pruebas recogida en la jurisprudencia española. "*Prueba directa* es aquella que *de forma inmediata* ofrece un contenido probatorio concreto en tanto surge de él, *espontáneamente*, la posibilidad de su valoración. Es, en fin, la prueba que aclara la investigación, permitiendo la convicción judicial sin necesidad de deducciones ni inferencias. Así, la confesión del acusado o la declaración, en muchos casos, del testigo. Más frente a esta prueba también existe la *indiciaria o indirecta* cuando por medio de dos o más indicios acreditados... se llega *lógica y racionalmente*, y por las vías de la experiencia... al hecho consecuencia... que se quiere acreditar", STS 572/1996, de 16 de septiembre de1996, fundamento sexto.
Son supuestos de *prueba directa* aquéllos en los que "la demos-

Con la distinción prueba directa/prueba indirecta parece que se indica, pues, la *ausencia o presencia de razonamientos e inferencias*, según que la prueba verse o no sobre el hecho que se pretende probar. La prueba directa, por versar directamente sobre el hecho que se quiere probar, lo probaría "espontáneamente", "sin necesidad de raciocinio". La prueba indirecta o indiciaria, en cambio, por no versar directamente sobre el hecho que se pretende probar sino sólo sobre un hecho secundario, para acreditar aquél necesitaría del razonamiento, de la inferencia. Además, y conectado con lo anterior, parece que la espontaneidad en un caso y la necesidad de razonar en el otro conllevan también una *diferente calidad epistemológica* (y por tanto un diferente valor o fuerza probatoria) de sus resultados: mayor en el primer caso, "por ser en cierto modo tarea más teñida de objetividad y por tanto de imparcialidad"; menor en el segundo, porque "hace entrada en ella la subjetividad del juez en cuanto, mentalmente, ha de realizar el engarce entre el hecho base y el hecho consecuencia".

---

tración del hecho enjuiciado surge de modo directo e inmediato del medio de prueba utilizado: documentos, testigos, etc. Su valoración no presenta las dificultades propias de la prueba indiciaria, porque la consecuencia o apreciación viene determinada sin necesidad de hacer uso de operaciones mentales complejas, es decir, por ser en cierto modo tarea más teñida de objetividad. El problema, la dificultad y el peligro surgen con la *prueba indirecta*... Hace entrada en ella la subjetividad del juez, en cuanto, mentalmente, ha de realizar el engarce entre el hecho base y el hecho consecuencia" (STC 169/1986, FFJJ 1.º y 2.º).

Esta distinción, sin embargo, no resulta aceptable, pues se funda en una acrítica percepción de la llamada prueba directa. Analizada rigurosamente, la declaración del testigo T_a: "vi a A disparar a B y a éste caer muerto", ejemplo de prueba directa, no prueba por sí sola (directa y espontáneamente, sin necesidad de raciocinio) el hecho que se pretende probar (que A mató a B); lo único que esta declaración prueba *por sí sola* es que "el testigo T_a *dice que vio* a A disparar a B y a éste caer muerto". La declaración de T_a probará que "A mató a B" sólo si T_a dice la verdad (es decir, si no miente, ni sufrió un error de percepción, ni ahora sufre errores de la memoria). Pero este dato (que T_a dice la verdad) es el resultado de una inferencia del mismo tipo que la que define la prueba indirecta. Por lo tanto, desde el punto de vista del razonamiento *no hay ninguna distinción esencial entre la llamada prueba directa y la indirecta*, pues en ambos casos están presentes inferencias de la misma clase (inductivas, en concreto) y, en consecuencia, tan "teñida de subjetividad" puede estar la primera como la segunda. La idea de que la prueba directa es la que menos puede conducir a error judicial hay que ponerla en cuarentena.

En realidad, lo único que la distinción entre prueba directa e indirecta puede indicar es que una prueba es *directa* si versa directamente sobre el hecho principal que se pretende probar y del que depende la decisión judicial, e *indirecta* en caso contrario, sin otras consideraciones. Imaginemos, por ejemplo, que a un sujeto B se le aprehende una pequeña cantidad de droga y se sospecha que su destino sea el comercio y no el consumo propio. Si el hecho que se quiere probar es si B comercia con droga, lo declarado por el testigo T_a: "vi a B vender droga en repetidas ocasiones en el lugar L" constituiría (una vez confirmado) una prueba directa del enunciado "B comercia con droga". Mientras que lo declarado por el testigo T_b (por ejemplo, la policía): "B llevaba en el coche una balanza de precisión" y "en su casa se encontró una importante cantidad de dinero y una cierta cantidad de droga" serían (una vez confirmados) sólo pruebas indirectas o indiciarias de que "B comercia con droga". Insistamos en que la distinción, así interpretada, no señala una diferencia entre las pruebas en función de la presencia o no de razonamientos e inferencias, sino en función de que versen o no directamente sobre el hecho del que depende la decisión. Otra cosa es si puede afirmarse –como sucede con frecuencia– que el valor probatorio de la prueba directa es muy grande y el de la indirecta siempre pequeño o en todo caso inferior a aquél, al punto de sostener que una prueba directa, por sí sola, es apta para fundar la decisión del juez sobre el hecho principal que se pretende probar, mientras que una prueba indirecta, por sí sola, no es apta para fundar esa decisión, sino que opera como un elemento más que permite al juez inferir una hipótesis sobre aquél hecho. Podría decirse a este respecto que, ciertamente, el valor probatorio de la prueba directa (una aserción verificada sobre el hecho principal que se pretende probar) es tendencialmente mayor que el de la indirecta (una aserción verificada sobre un hecho circunstancial), porque con la prueba directa no se requiere ninguna inferencia más para probar el hecho principal mientras que probar este hecho con una prueba indirecta exige siempre inferencias suplementarias. Pero sólo tendencialmente, pues el valor probatorio de una prueba (sea ésta directa o indirecta) no depende sólo de este dato, sino también –como es evidente– de su calidad epistemológica, es decir, de su grado de certeza.

En conclusión, pues, pese a la caracterización habitual de la prueba directa, ésta constituye en realidad, como la indirecta o indiciaria, un razonamiento de tipo inductivo, por lo que sus resultados han de evaluarse también en términos de simple probabilidad.

2.2. Sobre los requisitos de la prueba indirecta o indiciaria

Merece por último la pena hacer también algunas consideraciones sobre los requisitos que jurisprudencial y doctrinalmente suelen exigirse a la prueba indirecta o indiciaria. Pero antes una precisión terminológica. Aunque el término prueba indirecta o indiciaria suele reservarse para el ámbito penal, su estructura es la misma que la denominada en el ámbito civil "prueba presuntiva", "presunciones simples" o "presunciones *hominis*". Estas presunciones, en efecto, aluden a un razonamiento inductivo consistente en inferir, a partir de un hecho probado o conocido (indicio) y de una regla de experiencia, la existencia de un hecho desconocido. Así, del humo puede inferirse la existencia del fuego, de la posesión de la cosa robada la participación en el robo o la receptación, de la posesión de droga y de una balanza de precisión la intención de comerciar con ella, etc. En otras palabras, pese a que la terminología puede llevar a confusiones, el esquema de las presunciones simples hace referencia a los *razonamientos probatorios* en que no se prueba directamente el hecho que constituye el *thema probandum*. Precisamente por ello, para referirse al procedimiento de prueba indirecta o indiciaria se habla algunas veces de "prueba de presunciones"[41]. Las expresiones prueba indirecta, prueba indiciaria y prueba presuntiva aluden a una misma estructura probatoria.

Dado que la convicción que proporciona la prueba indirecta o presuntiva encuentra su fundamento en la experiencia común, que muestra cómo a ciertos hechos les siguen normalmente otros, suele exigirse por lo

---

[41] Así, J. BENTHAM, *Tratado de las pruebas judiciales*, cit., vol. I, p. 31; F. CARNELUTTI, *Lezioni sul processo penale*, I, Roma, 1949, p. 259; S. BORGHESE, "Presunzioni (diritto penale e diritto processuale penale)", en *Novissimo Digesto Italiano*, XIII, Torino, 1966, p. 773. En la jurisprudencia española se produce también esta identificación. Por ejemplo, cuando se afirma, a propósito de una prueba indiciaria, que es "una modalidad del razonamiento inductivo... y está muy próximo, por tanto, al mecanismo de las presunciones (STS de 20-9-1990, Sala contencioso-administrativa, fundamento segundo). Pero la jurisprudencia a veces es incluso más precisa, como cuando habla de "la prueba de indicios o *praesumptionis hominis seu iudicis*" (STS 1010/1994, Sala 2.ª, fundamento primero).

general un *enlace preciso y directo entre el hecho conocido y el desconocido*. Y ciertamente, en la medida en que esta exigencia pretenda asegurar el uso de máximas de experiencia correctas, proscribiendo aquéllas que resulten arbitrarias por carecer de referente empírico, no hay nada que objetar. Al contrario, la validez de la prueba indirecta o indiciaria depende muy fundamentalmente de la corrección de las máximas de experiencia usadas. Tradicionalmente, sin embargo, se vienen exigiendo también otros requisitos sin los cuales –se dice– el procedimiento presuntivo carecería de capacidad probatoria[42], requisitos que a mi entender ponen de manifiesto una serie de prejuicios y malentendidos sobre la naturaleza de este tipo de prueba. Veámoslos.

a. Certeza del indicio

El indicio o hecho conocido –se dice– debe estar fehacientemente probado mediante los medios de prueba procesalmente admitidos[43]. Con este requisito quiere

---

[42] Vid. I. Muñoz Sábate, *Técnica probatoria. Estudios sobre las dificultades de la prueba en el proceso*, Barcelona, Praxis, 2.ª ed., 1983, pp. 208 ss.; A. Martínez Arrieta, "La prueba indiciaria", cit., pp. 64 ss.; J. Delgado García, "Prueba de indicios", en *La prueba en el Derecho penal* ii, Madrid, cgpj, 1996, pp. 375 ss.; A. P. Rives Seva, *La prueba en el proceso penal*, Pamplona, Aranzadi, 1996, pp. 99 ss.

[43] Vid. a título de ejemplo, para la doctrina española, L. Prieto-Castro, *Derecho procesal civil*, Madrid, Tecnos, 4.ª ed., 1988, p.

evitarse que las meras "sospechas" o "intuiciones" del juez puedan fundar la prueba del indicio; y en este sentido no hay nada que objetar, pues es evidente que una simple sospecha, intuición o presentimiento no puede ser prueba de nada. Sin embargo, bajo el requisito de la certeza suele excluirse también la posibilidad de usar como indicios aquellos hechos de los que sólo quepa predicar su probabilidad y no su certeza incuestionable. Precisamente esta segunda exclusión es la base del rechazo de los llamados "indicios mediatos", es decir aquellos que han sido probados, a su vez, mediante prueba indiciaria a partir de otros indicios y cuya certeza, por tanto, no puede considerarse absolutamente fuera de duda. Lo que se exige, más concretamente, es que el indicio esté probado por prueba directa[44].

193: para que la presunción sea admisible "es preciso que el hecho base o indicio esté completamente demostrado".

[44] Así puede leerse de un Magistrado del TS: "El primer requisito de la prueba indiciaria exige que el indicio esté acreditado a través de prueba directa [recordemos que se trata de la noción "canónica" de prueba directa]... sin que pueda admitirse que el mismo resulte, a su vez, acreditado por prueba indiciaria, ... dados los riesgos evidentes que resultarían de una concatenación de indicios" (A. Martínez Arrieta, "La prueba indiciaria", en AA. VV., *La prueba en el proceso penal*, Madrid, Ministerio de Justicia, 1993, pp. 64-65). La Sala Segunda del TS también es clara al exigir que "los hechos o datos indiciarios han de ser recogidos a virtud de prueba directa" (862/1994, Fundamento tercero).

Esta segunda exclusión es criticable, y ello por varias razones. En primer lugar, excluir los indicios mediatos (probados por prueba indiciaria) y aceptar los inmediatos (probados por prueba directa) revela una *injustificada minusvaloración de la prueba indiciaria*, así como un *mal entendimiento y una injustificada sobrevaloración de la prueba directa*. Lo primero porque la prueba indiciaria, indirecta o presuntiva, a pesar de no ser un argumento demostrativo, si se realiza rigurosamente puede conducir a resultados fiables. Lo segundo porque la prueba directa es, desde el punto de vista de su estructura probatoria, exactamente igual que la prueba indirecta; lo único que la separa de esta última es su menor número de pasos inferenciales[45].

Por lo demás, la exclusión de los indicios mediatos, llevada hasta sus últimas consecuencias, conduce a resultados inaceptables por absurdos: si se rechaza un indicio mediato por considerar que, por ser mediato, tiene un bajísimo o nulo grado de solidez epistemológica, *se está poniendo en cuestión la validez misma del procedimiento indiciario*, que es el que ha conducido a la prueba de ese indicio; de manera que habría que

---

[45] Como más arriba se ha dicho, desde el punto de vista epistemológico no hay una distinción cualitativa entre las llamadas pruebas directas y las pruebas indirectas. Las llamadas "pruebas directas" son también, como las indirectas, presuntivas o indiciarias, es decir constituyen un razonamiento inductivo, y por tanto producen tan sólo un resultado probable, por más que ese grado de probabilidad pueda ser mayor, habida cuenta del menor número de pasos inferenciales que requieren.

renunciar al uso del procedimiento indiciario en todo caso, y no sólo cuando se usa para probar un indicio. Esta conclusión, sin embargo, resulta inaceptable, pues el procedimiento característico de la prueba judicial es el de prueba indirecta o indiciaria, por lo que renunciar al mismo equivaldría a renunciar a la propia posibilidad de prueba.

En suma, si se asume la aptitud del procedimiento indiciario para probar hechos, no se entiende bien por qué no puede servir para probar un indicio, es decir un hecho que podrá ser utilizado, a su vez, como elemento probatorio en otra prueba indiciaria. Podrá decirse quizá que cuando el indicio ha sido probado mediante procedimiento indiciario (indicio mediato) su fuerza probatoria es menor[46], pero nada permite anularla por completo.

b. Univocidad del indicio

---

[46] Este dato ya lo subrayaba BENTHAM, al señalar la admisibilidad del indicio mediato: "No se debe excluir ni rechazar nunca nada de aquello que pueda servir o que se pueda ofrecer con el carácter de prueba circunstancial; en particular no se puede excluir nada en razón a que se lo supone carente de fuerza probatoria. ¿Por qué se habría de excluir? Si produce un efecto, es útil; y si no lo produce, es inocuo". Otra cosa es que "en una cadena de pruebas compuesta de un gran número de eslabones, cuantos más eslabones intermedios haya entre el primer hecho circunstancial y el hecho principal, menor será con relación a éste su fuerza probatoria", *Tratado de las pruebas judiciales*, cit., vol. I, pp. 363 y 365.

Un indicio es *necesario o unívoco* cuando conduce *necesariamente* al hecho desconocido; es por el contrario *contingente o equívoco* cuando puede ser debido a muchas causas o ser causa de muchos efectos. Esta distinción se proyecta sobre la teoría de la prueba exigiendo eliminar la equivocidad de los segundos para poder usarlos como elementos de prueba.

Si bien se mira, sin embargo, la distinción entre indicios unívocos y equívocos es irrelevante en un doble sentido. Primero porque los llamados indicios unívocos o necesarios no hacen referencia a la prueba indiciaria, indirecta o presuntiva, sino a un razonamiento de tipo demostrativo, es decir a lo que hemos llamado *prueba deductiva*[47]. Y segundo porque la inmensa mayoría de los indicios son contingentes o equívocos, por lo que el dato de la contingencia, por sí mismo, no tiene mucha relevancia. Pero conecta con otro requisito: la pluralidad de indicios.

c. Pluralidad de indicios

Este requisito expresa la exigencia de que, precisamente por el carácter contingente o equívoco de los indicios, es necesario que la prueba de un hecho se funde en más de un indicio. Además, este requisito suele acompañarse del de la concordancia o *conver-*

---

[47] También G. Ubertis, *La prova penale. Profili giuridici ed epistemologici*, Torino, UTET, 1995, pp. 45-46.

gencia: los (plurales) indicios han de concluir en una reconstrucción unitaria del hecho al que se refieran.

Esta exigencia parece lógica al menos por dos razones. Primero porque es una manera de evitar el riesgo de que con base en un único dato, que es esencialmente equívoco, se establezca una conclusión errónea. Segundo porque si el resultado de la prueba indiciaria o presuntiva es de mera probabilidad, cuantos más indicios lo apoyen más fiable será. Ahora bien, este requisito tampoco puede ser interpretado en términos absolutos. Nada excluye, en principio[48], que pueda haber supuestos en los que se disponga de un solo indicio, pero de tan alto valor probatorio que permita, por sí solo, fundar la decisión.

3. Valoración de la prueba

3.1. *Valoración libre (pero racional)*

En el lenguaje de los juristas se suele usar la expresión *valoración de la prueba* en un sentido amplio, entendiendo por tal el *juicio de aceptabilidad de los enunciados sobre hechos controvertidos*. Por consiguiente, según esta definición, valorar consiste en *evaluar* el apoyo que el conjunto de pruebas prestan a las hipótesis fácticas en consideración y *decidir* en consecuencia si tales hipótesis pueden aceptarse como verdade-

---

[48] "En principio", pues esto dependerá también, y como es obvio, del estándar de prueba exigido.

ras. La valoración constituye, pues, el núcleo del razonamiento probatorio, es decir, del que conduce, a partir de las pruebas o informaciones disponibles, a una afirmación sobre los hechos controvertidos. Pero conviene hacer una observación.

En la definición que acaba de avanzarse están incluidas dos tareas que, aunque estrechamente relacionadas, son conceptualmente distintas. Una primera, la *valoración* en sentido propio, consistente en evaluar el apoyo que las pruebas prestan a la hipótesis en consideración, un apoyo que habrá de medirse en términos de probabilidad. Y una segunda, la adopción de la *decisión*, consistente en determinar si la probabilidad alcanzada por esa hipótesis es suficiente para establecer su verdad[49]. Muy simplemente, la *valoración*, en sentido estricto, consiste en *medir la probabilidad*; la *decisión*, en aplicar al resultado de esa valoración el *estándar de prueba* establecido. Me ocuparé ahora de la valoración y dejaré para el siguiente epígrafe las reflexiones sobre los estándares de prueba. No obstante me apresuro a advertir que hasta aquí he usado, y en este epígrafe voy a seguir usando, el término valoración en ese sentido amplio, inclusivo de la decisión que finalmente se adopta. Actuaré así por comodidad discursiva; en concreto porque cuando

---

[49] Traza también esta distinción entre el momento de la valoración y el momento de la decisión, vinculando este último a los estándares de prueba, J. Ferrer, *La valoración racional de la prueba*, Madrid, Marcial Pons, 2007.

se discute sobre la valoración lo que interesa es el resultado práctico al que ésta conduce: la decisión de considerar probada o no probada una hipótesis relevante, aunque para adoptar esa decisión hay que tomar en consideración el estándar de prueba establecido. Entenderé, en suma, por valoración el juicio *de aceptabilidad de (la verdad de) una hipótesis sobre hechos controvertidos.*

En línea de principio es posible configurar dos distintos modelos de valoración, dependiendo de que ésta venga o no predeterminada jurídicamente: el modelo de prueba legal o tasada, en el primer caso, y el modelo de prueba libre, en el segundo. La *prueba legal o tasada* supone la existencia de reglas de valoración establecidas en la ley que indican al juez cuándo (y en qué medida) debe dar por probado un hecho, con independencia de su convencimiento[50]. El sistema de *prueba libre*, por el contrario, deja la valoración de la prueba a la (libre) convicción judicial.

---

[50] La prueba legal tuvo en los viejos códigos muy diversas manifestaciones. Sirvan las dos siguientes a título de ejemplo.

La *Partida* III establecía el número de testigos necesarios para probar: "Por un testigo dezimos que no se puede probar, a no ser que fuese el tistimonio del Emperador o del Rey" (Tít. XVI, Ley VIII).

Y *El Espéculo* establecía una gradación sobre la credibilidad de los testimonios: "E mas debe ser creido el rico que el pobre, porque bien semaja eue el pobre ayna diria mentira por codicia o por promesas, que el rico...E mas creido debe ser el varon que la mujer, porque tiene el seso mas cierto e mas firme".

Si se asume que la prueba proporciona resultados sólo probables, debe descartarse cualquier valoración predeterminada de los medios de prueba, pues es muy posible que, en el caso concreto, el grado de probabilidad proporcionado por las pruebas resulte aún insuficiente para fundar la decisión, por más que el legislador les haya atribuido un valor específico. El principio de libre convicción viene a levantar acta de esta situación, proscribiendo que deba darse por probado lo que a juicio del juzgador todavía no goza de un grado de probabilidad aceptable. La libre convicción no es por tanto un criterio (positivo) de valoración alternativo al de las pruebas legales, sino un *principio metodológico negativo*[51] que consiste simplemente en el rechazo de las pruebas legales como suficientes para determinar la decisión y que constituye por ello una auténtica garantía epistemológica. Muy brevemente, la libre convicción permite al juzgador no dar por probados (enunciados sobre) hechos que estime insuficientemente probados.

Pero además, en tanto que principio negativo, la libre convicción *no sólo no es sino que tampoco impone ningún criterio (positivo) de valoración*; es decir, todavía no dice cómo valorar, cómo determinar la aceptabilidad de (la verdad de) una hipótesis. Por eso puede

---

[51] Vid. también L. FERRAJOLI, quien para insistir en que no se trata de un "criterio positivo de valoración" alternativo al de las pruebas legales, se refiere a él como un "trivial principio negativo", *Derecho y Razón*, cit., p. 139.

decirse que la libre convicción no cierra sino que más bien abre el problema de encontrar criterios racionales de valoración[52]. Ahora bien, si el principio de libre convicción no indica cómo ha de efectuarse la valoración, la concepción cognoscitivista de la prueba sí proporciona algunas claves al respecto. Por una parte, *proscribiendo* algunos criterios de valoración: si lo que se pretende valorar es la correspondencia de las hipótesis con los hechos que describen, la valoración no puede entenderse –como ha sido frecuente y en ciertas instancias sigue aún siéndolo– como la íntima, libérrima e intransferible convicción del juez, pues es evidente que la convicción íntima, por sí misma, no prueba nada. Por otra, *indicando* el tipo de criterios que han de usarse: si valorar es evaluar la veracidad de las hipótesis sobre hechos controvertidos a la luz de las pruebas disponibles, y teniendo en cuenta que estas hipótesis podrán aceptarse como verdaderas cuando su *grado de probabilidad* sea suficiente, los criterios (positivos) de valoración indican cuándo una hipótesis ha alcanzado un grado de probabilidad suficiente y mayor que cualquier otra hipótesis alternativa sobre los mismos hechos. Por eso el objetivo de los modelos de valoración ha de ser proveer esquemas racionales para determinar el grado de probabilidad de las hipótesis. Muy simplemente, los modelos de valoración racional son necesariamente modelos probabilísticos.

---

[52] Ibidem, p.140.; y M. Taruffo, "Modelli di prova...", cit., p. 438.

3.2. Modelos de valoración

Existen al menos dos grandes modelos de valoración racional de la prueba[53]: el primero está basado en la *aplicación de métodos o instrumentos matemáticos* al proceso de valoración; el segundo está basado en *esquemas de confirmación*. Ambos modelos corren paralelos a los dos grandes conceptos de probabilidad: la probabilidad matemática y la probabilidad inductiva. La *probabilidad matemática* se predica de *sucesos* y se interpreta en términos de *frecuencia relativa* de la clase de eventos a la que pertenecen, utilizando para su análisis los métodos estadísticos desarrollados por la matemática. El concepto de *probabilidad lógica o inductiva* se corresponde con el uso común de "probablemente", "posiblemente", "presumiblemente" algo es verdad, y se predica de *proposiciones* y no de sucesos. Es decir, dicho concepto interpreta la probabilidad como una generalización de la verdad.

a. Los modelos matemáticos

Quizá debido al gran desarrollo alcanzado por el cálculo matemático de probabilidades, y quizás también porque en los últimos años la evolución de la *forensic science* ha proporcionado una amplísima

---

[53] Me he ocupado de ello en M. Gascón, *Los hechos en el Derecho*, cit., pp. 161 ss. Vid. también M. Taruffo, *La pueba de los hechos*, cit., pp. 167 ss.

gama de pruebas científicas de estructura estadística
que pueden ser usadas en todos los procesos, han
abundado los planteamientos que entienden que este
cálculo es un buen instrumento para dar también
cuenta de los procesos de razonamiento inductivo,
aunque aplicando la probabilidad a proposiciones
en vez de a sucesos[54].

El intento se ha realizado fundamentalmente con
la aplicación del *Teorema de Bayes* a las inferencias
jurídicas basadas en probabilidades subjetivas[55]. En
su formulación más simple, el teorema afirma que la
probabilidad de un evento H dado un evento E, puede
determinarse en función de la frecuencia estadística
con la que dado H se verifica E y de la probabilidad
atribuida precedentemente al evento H.

$$P\,(H/E) = \frac{P\,(E/H)}{P\,(E/No\text{-}H)} \times P(H)$$

---

[54] La posibilidad de extender el cálculo matemático de probabilidades a los procesos de razonamiento inductivo fue defendida, en
el ámbito de la filosofía de la ciencia, por H. REICHENBACH, *The
Theory of Probability*, Berkeley, Univ. of California Press, 2.ª ed.,
1949. A este tipo de planteamientos hacen referencia M. COHEN
y M. NAGEL con el término "probabilidad como frecuencia de
verdad", *Introducción a la lógica y al método científico* (1934), trad.
N. MÍGUEZ, Buenos Aires, Amorrortu, 1971, vol. I, p.200.

[55] La "probabilidad subjetiva" indica el grado de creencia personal
de un factfinder racional sobre el acaecimiento de un suceso
incierto.

P (H/E): probabilidad de H, dado un evento E *(posterior probability)*.

P (E/H): grado de confianza de que ocurra E si H es verdadera.

P (E/no-H): grado de confianza de que ocurra E independientemente de que H sea verdadera.

P (E/H) / P (E/no-H) (*Likelihood ratio* de E respecto de H, que mide la mayor o menor probabilidad con la que ocurre E siendo H verdadera que sin serlo).

P (H): grado de creencia de que H es verdadera antes de saber si E ocurría *(prior probability)*.

La utilidad del Teorema en el proceso reside –a juicio de los bayesianistas– en que permite combinar información estadística sobre un cierto suceso (expresada mediante una *likelihoot ratio*) con información no estadística (la *prior probability*), y el resultado de esa combinación es la *posterior probability*, que expresa la valoración final de la prueba[56]. En concreto, la fórmula bayesiana permite medir el impacto que, sobre la probabilidad subjetiva previa del hecho que se pretende probar, provoca la introducción de ulteriores elementos de prueba de naturaleza estadística.

Supongamos, por ejemplo, que se ha realizado una prueba de cotejo de voces para averiguar si un

---

[56] M. O. Finkelstein y W. B. Fairley, "A Bayesian Approach to Identification Evidence", *Harvard Law Rev.*, 83, 1970. Sobre el bayesianismo pueden verse además los trabajos del simposio "Probability and Inference in the Law of Evidence", *Boston Law Rev.*, 66, 1986, o los del simposio "Decision and Inference in Litigation", *Cardozo Law Rev.*, 13, 1991.

sospechoso S ha sido el autor de la llamada con la que se avisó de la colocación de un artefacto explosivo, y supongamos también que el resultado del cotejo ha sido positivo (E). La valoración de la prueba recurriendo al Teorema de Bayes ha de hacerse tomando en consideración, de un lado, ese resultado positivo una vez interpretado por el perito a la vista de la tasa de falsos positivos y falsos negativos del sistema y expresado en el informe mediante una *likelihood ratio* (P (E/H) / P (E/no-H)); y de otro lado, la *prior probability* atribuida a ese resultado positivo (la probabilidad de que el sospechoso pudiera ser autor de la llamada antes de conocer el resultado del cotejo criminalístico), y que también ha de ser cuantificada (P (H)). Obsérvese –porque es importante a efectos de evaluar la utilidad de este cálculo en el proceso– que si aparte de la prueba científica del cotejo de voces no hay otros datos o pruebas que atribuyan alguna probabilidad significativa a la hipótesis de que el sospechoso puede ser el autor de la llamada, entonces la *prior probability* de esa hipótesis será muy baja y el resultado de la valoración mediante la aplicación del teorema de Bayes también. Si por el contrario disponemos de muchas pruebas o informaciones que permiten sostener con seriedad que el sospechoso probablemente fue el autor de la llamada, entonces la *prior probability* será seguramente alta y el resultado de la valoración mediante el teorema de Bayes también.

La adopción del Teorema de Bayes como modelo valorativo ha sido objeto de numerosas críticas. Algunas de ellas están animadas por consideraciones

prácticas. Por ejemplo, llaman la atención sobre lo difícil
que resulta para el juzgador cuantificar su valoración
subjetiva previa y sobre la inevitable subjetividad
de esa cuantificación; o sobre lo difícil que resulta
también determinar las frecuencias estadísticas de
los elementos de prueba que han de valorarse, pues
en la mayor parte de los casos no se dispone de datos
de este tipo; o sobre el riesgo que entraña poner en
manos de los jueces instrumentos estadísticos in-
comprensibles para ellos: tal vez no todos los peritos
–se sostiene– serían realmente capaces de presentar
la *likelihood ratio* con la precisión necesaria para su
correcta comprensión; pero aunque fueran capaces,
los jueces podrían incurrir en confusión[57]. Además,
la fórmula bayesiana supone un cálculo matemático
relativamente simple en el caso-base de tener que
valorar *una sola prueba* que versa *directamente* sobre
la hipótesis a probar, que es, además, una *hipótesis
simple*. Pero la complicación del cálculo aumenta de
manera impresionante cuando se usa para resolver

---

[57] El principal problema es la posible confusión de P (E/H) con
P (H/E) y de P (E/no-H) con P (no-H/E). Es verdaderamente
difícil para los expertos expresar la proposición "P (E/H) es
mucho mayor que P (E/no-H)" en una forma verbal que no la
haga sonar como "P (H/E) es mucho mayor que P (no-H/E)".
Por este motivo, quienes propugnan el uso de este modelo de
valoración en los Tribunales entienden que el mismo no logrará
sus fines entretanto los peritos, los jueces y los abogados no se
familiaricen con la más elemental teoría de la probabilidad, R.
D. Friedman, "Assessing Evidence", *Michigan Law Rev.*, n.º 94,
1996, pp. 1836-37.

situaciones más complejas, como la *pluralidad* de elementos de prueba relativos a una hipótesis, la *cascaded inference* (o prueba mediata) o la prueba de una hipótesis referente a un *hecho complejo*.

Otras críticas, en cambio, *ponen en cuestión la validez epistemológica del modelo en el campo judicial*, en la medida en que conduciría a resultados contraintuitivos y resultaría dudosamente compatible con principios fundamentales del ordenamiento. El blanco de las críticas lo constituye aquí el papel desempeñado por las *prior probabilities* en el cálculo de la probabilidad final. Si el valor atribuido a la misma fuera muy bajo, también sería muy bajo el resultado de la valoración final, con independencia de que la probabilidad indicada por el nuevo material probatorio fuese muy alta; lo que resulta claramente contraintuitivo y desde luego contrario al modo de operar de los tribunales. Pero además, y conectado con ello, si la formulación de la *prior probability* estuviera viciada de un error inicial, podría atentar contra principios básicos del ordenamiento, como la presunción de inocencia. En suma, el uso del teorema de Bayes produce una sobrevaloración de la probabilidad inicial y una minusvaloración del peso que tienen las nuevas pruebas en el cálculo de la probabilidad final, lo que unido al resto de las dificultades comentadas merma su utilidad como modelo general de valoración[58].

---

[58] Sobre las deficiencias del bayesianismo puede consultarse L. H. Tribe, "Trial by Mathematics: Precision and Ritual in the Legal

b. El esquema valorativo del grado de confirmación

Pero en el intento de racionalizar la valoración de la prueba los modelos que más predicamento han alcanzado son los basados en esquemas de confirmación, que entienden que la probabilidad (lógica o inductiva) de una hipótesis depende del apoyo que le prestan las pruebas con las que está conectada a través de reglas causales. La probabilidad se mide aquí, no en términos de frecuencia relativa, sino de "grado de creencia", "apoyo inductivo" o "grado de confirmación" de una hipótesis respecto de una información. El esquema valorativo del grado de confirmación es el que mejor se adecua a la estructura de los problemas probatorios con que el juez se encuentra: la existencia de una o varias hipótesis sobre los hechos de la causa y la necesidad de establecer, sobre la base de las pruebas disponibles, cuál de ellas resulta más aceptable o atendible[59]. Es cierto que las

---

Process", *Harvard Law Rev.*, 84, 1971; M. TARUFFO, *La prueba de los hechos*, cit. esp. pp. 197 ss.; y H. L. COHEN, *The Probable and the Provable*, Oxford, Clarendon Press, 1977. Rechaza también la aplicación del cálculo matemático de probabilidades al proceso S. HAACK, "Clues to the Puzzle of Scientific Evidence", en *Defending Science-Within Reason*, New Cork, Prometeus, 2003, pp. 253 ss., esp. p. 276. Y entre nosotros también se muestra crítico con el uso de la fórmula bayesiniana en el proceso, J. FERRER, *La valoración racional de la prueba*, cit., pp. 108 ss.

[59] Vid. también M. TARUFFO, *La prueba de los hechos*, cit., p. 237, quien subraya la "sustancial correspondencia entre el problema del

situaciones con que puede encontrarse el juez pueden ser muy distintas, por lo que hablar de "esquema de valoración", sin más, seguramente constituya una simplificación excesiva. No obstante, esta simplificación permite aquí mostrar más claramente los criterios centrales[60] de aceptabilidad de las hipótesis; es decir, las condiciones que autorizan a considerar verdadera la versión de los hechos que representan.

Según el esquema valorativo del grado de confirmación una hipótesis puede aceptarse como verdadera si *no ha sido refutada* por las pruebas disponibles y éstas *la hacen probable* (la confirman); o mejor, *más probable que cualquier otra hipótesis* sobre los mismos hechos. Concurren aquí tres requisitos.

1.º. Requisito de la no-refutación

Para aceptar una hipótesis es necesario que no sea refutada por las pruebas disponibles; o sea que éstas no se hallen en contradicción con aquélla. Por eso el sometimiento a refutación de las hipótesis es la "prueba de fuego" para poder aceptarlas. Y por eso es necesario que exista en el proceso *un momento con-*

---

juicio de hecho y la idea de probabilidad como relación lógica entre una hipótesis y los elementos que la confirman".

[60] Los criterios "centrales", pues a los que a continuación se expondrán aquí cabría añadir otros. Por ejemplo, la eventual confirmación de las hipótesis derivadas o la eliminación de las hipótesis alternativas. Vid. D. González Lagier, "Argumentación y Prueba Judicial", cit., pp. 128 ss.

tradictorio en el que poder refutar las hipótesis[61], lo que constituye una importante garantía epistemológica.

2.º. Requisito de la confirmación

Una hipótesis *h* viene confirmada por una prueba *p* si existe un nexo causal o lógico entre ambas (que es una simple ley probabilística o una máxima de experiencia: $p \rightarrow h$) que hace que la existencia de la prueba constituya una razón para aceptar la hipótesis.

$$
\begin{array}{c}
p \rightarrow h \\
\underline{\quad p \quad} \text{ [es probable]} \\
h
\end{array}
$$

La confirmación es, pues, una inferencia inductiva, por lo que el *grado de confirmación* de una hipótesis es equivalente a su *probabilidad*, es decir, a la *credibilidad* de la hipótesis a la luz del conjunto de conocimientos disponibles.

Siendo expresión del grado de confirmación, la probabilidad de una hipótesis aumenta o disminuye con los siguientes elementos:

2.1. El fundamento cognoscitivo y el grado de probabilidad expresado por las reglas y máximas de experiencia usadas.

---

[61] Esta es la razón por la que el proceso inquisitorio, donde la búsqueda de la verdad se confía sólo a la confirmación de la hipótesis por parte del juez, sin dar posibilidad a las partes (mediante un contradictorio) de defender la propia hipótesis demostrando lo infundado de la contraria, es un proceso afectado de una tara epistemológica importante.

Esto parece indudable: mientras algunas de esas reglas expresan relaciones más o menos seguras, otras tan sólo expresan toscas e imprecisas generalizaciones de sentido común. Además, mientras algunas de ellas tienen un fundamento cognoscitivo más o menos sólido (como las que constituyen vulgarizaciones de conocimientos naturales o científicos), otras adolecen de fundamento suficiente (como las que reproducen tópicos o prejuicios difundidos). Puede decirse por ello que cuanto más seguro y preciso sea el tipo de conexión entre la hipótesis y las pruebas, mayor será el grado de confirmación (o probabilidad) de la hipótesis, que, por el contrario, sólo obtendrá confirmaciones "débiles" cuando las conexiones sean genéricas, vagas y de incierto fundamento cognoscitivo[62].

2.2. *La calidad epistemológica de las pruebas que la confirman.* El fundamento de esta afirmación también parece claro: si una prueba es débil, el grado de confirmación (o probabilidad) que atribuye a la hipótesis no puede estimarse alto, por más fundada que esté la regla que conecta la prueba con la hipótesis. Por ejemplo, la hipótesis "A mató a B" podría venir confirmada por el resultado de una prueba de ADN que estableciera que "las muestras de piel encontradas entre las uñas de la víctima pertenecen a A". O podría venir confirmada por el testimonio de X, un enemigo de A, quien declara que, según le había comentado la víctima, "A odiaba a B y le había amenazado de

---

[62] M. TARUFFO, *La prueba de los hechos*, cit., p. 272.

muerte". En principio[63] la calidad epistemológica (y por consiguiente el grado de certeza) de la primera prueba es mayor que la de la segunda, por lo que el grado de confirmación o probabilidad que atribuye a la hipótesis ha de ser también mayor.

2.3. *El número de pasos inferenciales que separan la hipótesis de las pruebas que la confirman.* Si la confirmación es una inferencia inductiva (o una cadena de inferencias inductivas) que conecta la hipótesis con las pruebas disponibles, y el resultado de una inferencia inductiva es (sólo) un cierto grado de probabilidad, entonces la probabilidad se va debilitando con cada paso inferencial; de modo que cuanto mayor sea el número de pasos intermedios entre la hipótesis y las pruebas que la confirman, menor será la probabilidad[64]. La hipótesis "A comerció con droga", por ejemplo, podría venir confirmada por el testimonio de X: "A vendió droga en repetidas ocasiones en el lugar L"; o por el testimonio de Y (la policía): "A llevaba en el coche una balanza de precisión y en su casa se encontró una importante cantidad de dinero y una cierta cantidad de droga". El número de pasos inferenciales que separan la hipótesis del testimonio de X es menor que el número de pasos que la separan

---

[63] "En principio", pues es posible que la calidad epistemológica de la prueba de ADN sea puesta en entredicho; por ejemplo porque la recogida de la muestra se haya hecho de forma poco fiable.

[64] Aunque con distinta terminología, esta observación está ya presente en J. BENTHAM, *Tratado de las pruebas judiciales,* cit., vol. I, p. 365.

del testimonio de Y[65]. Por eso, en el supuesto de que los dos testigos merecieran la misma credibilidad, la probabilidad de la hipótesis sería mayor en el primer caso que en el segundo. Esta es la razón por la que la comúnmente denominada *prueba directa*, o sea la que acredita justamente el hecho que se pretende probar (por ejemplo, el relato del hecho principal por un testigo ocular), tendría una fuerza probatoria tendencialmente mayor que la comúnmente denominada *prueba indirecta o indiciaria*. Y es también la razón por la que los comúnmente denominados en la doctrina *indicios mediatos* (los que son a su vez probados por otros indicios) tienen tendencialmente menor fuerza o eficacia probatoria.

2.4. *La "cantidad" y "variedad" de pruebas o confirmaciones.* Si la probabilidad de una hipótesis equivale a su grado de confirmación por los conocimientos disponi-

---

[65] Entre el testimonio de X y la hipótesis hay un solo paso inferencial: el representado por el juicio de credibilidad de X, que conduce a la afirmación "A vendió droga en repetidas ocasiones en el lugar L", es decir a la hipótesis "A comerció con droga". Entre el testimonio de Y y la hipótesis hay al menos dos pasos inferenciales: primero, el propio juicio de credibilidad de Y, que conduce a la afirmación "A llevaba en el coche una balanza de precisión y en su casa se encontró una importante cantidad de dinero y una cierta cantidad de droga"; después, el que, a partir de aquí y de una generalización (del tipo: si alguien lleva en su coche una balanza de precisión y en su casa tiene una fuerte suma de dinero y una cierta cantidad de droga, probablemente sea porque comercia con droga), conduce a la hipótesis "A comercia con droga".

bles, cuanto mayor sea el número de confirmaciones mayor será su grado de probabilidad; probabilidad que será también mayor cuanto más variadas sean las pruebas que la confirman, pues la variedad de pruebas proporciona una imagen más completa de los hechos. Además, puesto que la probabilidad de una hipótesis aumenta con la *cantidad* y *variedad* de pruebas que la confirman, y puesto que el procedimiento de prueba ha de tender a formular hipótesis con el mayor grado de probabilidad posible, se impone la observancia de otra garantía epistemológica: *cualquier prueba relevante es necesaria, y por lo tanto –salvo que se justifique seriamente su exclusión– debería ser admitida.*

Si esta última afirmación tiene sentido es porque muchas veces se distingue entre los conceptos de relevancia y necesidad de prueba. La *relevancia (o pertinencia)* de la prueba es la relación que guardan los hechos a los que hace referencia con el objeto del juicio y con lo que constituye el *thema decidendi* y expresa la "capacidad" de la prueba para formar la convicción del juez. *Prueba necesaria* es la que es "realmente" útil para formar la convicción. La distinción pretende poner de relieve que no toda prueba relevante es necesaria, pues es posible que el juzgador posea ya elementos probatorios suficientes para formar su convicción y no sea necesario ningún esfuerzo probatorio adicional. Pero esta doctrina, cuya finalidad es evitar esfuerzos probatorios inútiles, parece conceptualmente equivocada y –lo que es peor– entraña riesgos para la averiguación de la verdad. Lo primero porque si los resultados probatorios no pasan nunca de la mera probabilidad, cualquier prueba relevante es necesaria, por cuanto contribuye a aumentar el grado de probabilidad de la hipótesis. Lo segundo porque, escudándose en esta distinción, el juez podría rechazar sin mayor justificación la práctica de pruebas relevantes, conformándose con una débil (y tal vez falsa) declaración de hechos.

3.º. Requisito de la mayor probabilidad que cualquier otra hipótesis sobre los mismos hechos

Para poder aceptar una hipótesis no basta con que no haya sido refutada y resulte confirmada. Es necesario además que resulte más probable o confirmada que el resto de las hipótesis disponibles sobre los mismos hechos. Lo contrario es irracional. Ahora bien, también puede suceder que, al final del proceso de confirmación y sometimiento a refutación de las hipótesis, ninguna de las hipótesis en liza esté suficientemente confirmada en detrimento de la otra. En otras palabras, el proceso de prueba puede concluir sin un resultado claro. La necesidad que tiene el juez de resolver a pesar de este resultado estéril queda entonces cubierta por el reconocimiento (implícito o explícito) de *reglas legales de decisión* que indican al juez en cada caso en favor de qué hipótesis ha de orientarse la solución. El *in dubio pro reo* en el proceso penal y, en general, las reglas sobre la carga de la prueba constituyen ejemplos de las mismas.

En todo caso hay que hacer una importante observación. La "mayor confirmación o probabilidad que cualquier otra hipótesis" es una cuestión de grado y

expresa una regla epistemológica: la que indica que
entre dos hipótesis no refutadas es más racional op-
tar por la más probable o confirmada. Cosa distinta
son las exigencias institucionales que existan en este
punto, que pueden imponer requisitos o estándares
más o menos severos para aceptar una hipótesis. Así,
mientras que en los procesos civiles suele bastar con
que el resultado de la prueba sea una probabilidad
preponderante, en los procesos penales suele exigirse
un resultado (probabilístico) *más allá de toda duda
razonable*. Precisamente sobre la cuestión de los estándares de prueba nos ocupamos ahora.

4. Estándares de prueba

4.1. *Valoración racional, grado de probabilidad y estándares de prueba*

He sostenido aquí, manejando un concepto amplio
de valoración, que valorar racionalmente la prueba
consiste en evaluar cuál es el grado de probabilidad
o de confirmación que las pruebas disponibles atribuyen a una hipótesis sobre hechos controvertidos
y en decidir si ese grado de probabilidad o de apoyo
es suficiente para aceptarla como verdadera. Por eso
la principal tarea a la que se enfrenta una valoración
racional es la de *medir la probabilidad*; y por eso –he
sostenido también– el objetivo de los modelos de valoración ha de ser proveer esquemas racionales para
determinar el grado de probabilidad de las hipótesis.
Pero queda aún pendiente una importante cuestión:

la de determinar los criterios que indican cuándo es
suficiente el grado de probabilidad alcanzado. Estos
criterios son los estándares de prueba.

Los estándares de prueba (en adelante EP) son los
*criterios que indican cuándo se ha conseguido la prueba
de un hecho*; o sea, los que establecen cuándo está
justificado aceptar como verdadera la hipótesis que
lo describe. Teniendo en cuenta que esto ocurrirá
cuando el grado de probabilidad alcanzado por esa
hipótesis se estime suficiente, la construcción de un
EP implica dos cosas: a) en primer lugar, decidir *qué
grado de probabilidad se requiere* para aceptar una hipótesis como verdadera; b) en segundo lugar, *formular
objetivamente* el EP, es decir, formular los criterios
objetivos que indican cuándo se alcanza ese grado
de probabilidad o certeza exigido. Y conviene enfa-
tizar este último punto: un EP debe ser formulado
conforme a criterios "objetivos", pues –como afirma
Laudan– un EP subjetivo no es en absoluto un estándar[66]. Para que un EP tenga sentido debe poder
expresarse mediante un criterio controlable.

Los EP se insertan, pues, en el proceso de valoración. Más exactamente, cumplen dos funciones.
Una función *heurística* primero (en cuanto guías de
la valoración): el EP es el criterio conforme al cual
deberá el juez formular su valoración final sobre los
hechos de la causa. Y una función *justificadora* des-

---

[66] L. Laudan, "Por qué un estándar de prueba subjetivo y ambiguo
no es un estándar", *doxa*, n.º 28 (2005), pp. 95 ss.

pués (en cuanto criterios para la motivación): el EP
es el criterio conforme al cual ha de reconstruirse la
justificación de la decisión probatoria.

4.2. El estándar de prueba como indicador
del grado de probabilidad exigible

La primera de las cuestiones implicadas en la construcción de un estándar (¿qué grado de probabilidad o certeza se requiere para dar por probada una
hipótesis?) no puede responderse de una manera
concluyente, pues no sólo depende de consideraciones epistemológicas sino también, y sobre todo, de
cuestiones de *policy*.

   Desde una perspectiva *epistemológica* cabe decir
que la racionalidad exige un *grado de probabilidad
mínimo* del que ningún orden jurisdiccional debería
abdicar, a menos que estemos dispuestos a concebir
la decisión probatoria como irracional. Ese grado
mínimo lo constituye la *probabilidad prevalente,* que es
el estándar de probabilidad normalmente exigido en
el proceso civil. Según el estándar de la probabilidad
prevalente (en adelante EPP) una hipótesis sobre un
hecho resultará aceptable o probada cuando sea más
probable que cualquiera de las hipótesis alternativas
sobre el mismo hecho manejadas o consideradas
en el proceso y siempre que dicha hipótesis resulte
"más probable que no", es decir más probable que su
correlativa hipótesis negativa. En consecuencia, en el
caso de que sólo exista una hipótesis sobre el hecho
en cuestión, el criterio de la probabilidad prevalente

se resume en la regla "más probable que no"[67]. Con todo, cabe decir también que cuanto más exigente sea el estándar para probar un hecho más racional será la decisión que declara probado ese hecho, pues un estándar muy exigente minimiza la posibilidad de error y maximiza la posibilidad de acierto. Por eso, aunque el EPP es racional, resulta más racional un EP cualificado. Otra cosa es que pueda decirse –como hace TARUFFO– que un proceso gobernado por un EP muy exigente no tiene como objetivo primario la búsqueda de la verdad, o más precisamente, la eliminación de errores, pues conforme disminuye la posibilidad de errar al declarar probado un hecho, aumenta la posibilidad de errar al darlo por no probado[68].

Pero la construcción de un estándar de prueba no depende sólo ni fundamentalmente de cuestiones de racionalidad sino también y sobre todo de cuestiones de *policy*. Ello es así porque un EP establece una determinada distribución del error, y una distribución del error supone una determinada elección (político-valorativa) sobre la intensidad con que deben ser garantizados los derechos o intereses afectados por cada uno de los errores posibles.

---

[67] Sobre las exigencias del estándar de la probabilidad prevalente, cfr. M. TARUFFO, "Conocimiento científico y estándares de prueba judicial", *Jueces para la Democracia*, 52, marzo de 2005, pp. 68-69.
[68] Vid. M. TARUFFO, "Tres observaciones sobre 'Por qué un estándar de prueba subjetivo y ambiguo no es un estándar' de Larry Laudan", DOXA, n.° 28 (2005), pp. 155 ss.

En una decisión probatoria, en efecto, hay dos errores posibles:

– *Error 1*: aceptar como verdadero (o dar por probado) lo que es falso.

– *Error 2*: no aceptar como verdadero (o dar por no probado) lo que es verdadero.

No cabe duda que una decisión jurídica basada en una tesis fáctica errónea (sea por el *Error 1* o por el *Error 2*) afecta derechos o intereses y/o defrauda expectativas legítimas. Por lo tanto, dependiendo de la importancia que se conceda a los derechos o intereses afectados por cada tipo de error, el EP será más o menos tolerante con ese tipo de error, y en consecuencia más o menos exigente. Son, pues, posibles tres situaciones.

A) Si se considera que los derechos o intereses afectados por los dos errores posibles merecen la misma protección (es decir, si se consideran igual de tolerables o asumibles ambos tipos de error), entonces el EP no será particularmente exigente y la probabilidad preponderante puede bastar.

B) Si se considera que los intereses afectados por el *Error 1* merecen mayor protección que los afectados por el *Error 2* (es decir, si se considera más tolerable o asumible el *Error 2* que el *Error 1*), entonces el EP será particularmente exigente. La probabilidad prevalente no bastará y el EP exigirá una probabilidad cualificada. Esta es la razón por la que en el proceso penal, donde se considera los derechos afectados por un eventual *Error 1* (dar por verdadera o probada la hipótesis acusatoria cuando es falsa) deben ser intensamente protegidos, se es muy poco tolerante con el *Error 1* y en consecuencia se exige un EP muy cualificado.

C) Si, por el contrario, se considera que los derechos o intereses afectados por el *Error 1* merecen menor protección que los afectados por el *Error 2* (es decir, si se considera más tolerable o asumible el *Error 1* que el *Error 2*), entonces el EP será poco exigente y podrá valer una probabilidad por debajo de la probabilidad preponderante.

En todo caso, la mayor o menor tolerancia con cada uno de los errores posibles es una cuestión *de grado*: se puede ser *bastante* tolerante con el error 1, o *poco* tolerante, o *muy poco* tolerante o *nada* tolerante. Y en consecuencia puede haber una gradación de EP sobre un hecho, según los niveles de exigencia para dar por probado ese hecho (o de tolerancia con el *Error 1*).

En definitiva, un EP específico se construye decidiendo cuál de los dos errores posibles se considera preferible o más asumible (el de aceptar como verdadero lo que es falso o el de no aceptar como verdadero lo que es verdadero) y en qué grado estamos dispuestos a asumirlo. Y esta es, en última instancia, una elección política o valorativa.

4.3. *Formulación de los estándares de prueba*

Llegamos así a la segunda de las cuestiones implicadas en la construcción de un estándar de prueba: la de formular el estándar, es decir formular los criterios objetivos que nos indican cuándo (se ha alcanzado el grado de probabilidad exigido y en consecuencia) puede darse por probada la hipótesis sobre un hecho.

La formulación de un EP está muy vinculada al modelo de valoración (y por tanto al concepto de probabilidad) que se maneje. Como se indicó más arriba existen al menos dos grandes modelos de valoración. De un lado, los basados en la aplicación de instrumentos matemáticos al proceso de valoración, que –recordémoslo– interpretan la *probabilidad (matemática o estadística)* de un suceso en términos de frecuencia relativa de la clase de eventos a la que pertenece. De otro, los basados en esquemas de confirmación, que –recordémoslo también– entienden la *probabilidad (lógica o inductiva)* de una hipótesis en términos del "grado de creencia", "apoyo inductivo" o "grado de confirmación" que le prestan las pruebas. Ambos modelos suponen una distinta formulación de los EP.

En los modelos matemáticos de valoración el EP se formula con absoluta precisión, indicando *numéricamente* el grado de probabilidad que debe alcanzar la hipótesis (por ejemplo, 0.9), por debajo del cual no se considerará justificado aceptarla como verdadera. La formulación del estándar resulta, pues, extremadamente sencilla: basta con *cuantificar el grado de probabilidad exigible*.

En los esquemas de valoración basados en la probabilidad lógica o inductiva, en cambio, no contamos con la seguridad que proporcionan los números. La probabilidad lógica o inductiva de una H es equivalente a su grado de confirmación por las pruebas disponibles. Por eso, la formulación de un EP específico, en lugar de indicar numéricamente el grado de probabilidad que debe alcanzar una hipótesis sobre un hecho, deberá indicarnos en qué condiciones puede entenderse que dicha hipótesis está suficientemente confirmada, y se caracterizará por *exigencias de confirmación* más o menos severas.

En la medida en que las fórmulas posibles para expresar un EP habrán de descansar en última instancia en exigencias o grados de confirmación, la búsqueda de estas fórmulas plantea dificultades. De una parte, porque, a diferencia de lo que ocurre con la probabilidad matemática, *el grado de confirmación es difícilmente cuantificable*, y por tanto la formulación del EP conforme a criterios objetivos se hace mucho más complicada. De otra, porque las situaciones probatorias pueden ser muy complejas y diferentes, y por tanto *no valdría un único criterio para formular el EP* sino que habría que establecer un criterio para cada una de ellas.

Para superar la primera dificultad es necesario no dejarse abatir por el "síndrome de los números", por el empeño de que sólo vale lo que se puede acreditar con una precisión matemática. Por el contrario, hay que afrontar esta tarea con el objetivo (modesto, si se quiere, pero más factible) de *encontrar fórmulas o criterios intersubjetivos para reconstruir la justificación de la decisión probatoria.* La segunda dificultad, por su parte, es una dificultad "empírica": es realmente difícil construir formulaciones de un EP para cada una de las situaciones probatorias con las que el juez puede encontrarse, aunque sí pueden ensayarse formulaciones más o menos genéricas para los principales ámbitos jurisdiccionales.

En el marco del proceso penal, por ejemplo, pueden ensayarse diferentes estándares de prueba para condenar en virtud de los distintos *grados de confirmación exigidos* para la hipótesis acusatoria (Ha) y de los distintos *grados de confirmación tolerados* para la hipótesis de la defensa (Hd). Si entendemos que hay una *confirmación sólida* cuando las pruebas, consideradas en su conjunto, *sólo* encuentran explicación si la hipótesis es verdadera, o sea cuando no son compatibles con la hipótesis contraria, y que estamos ante una *confirmación débil* cuando las pruebas pueden explicarse si entendemos que la hipótesis es verdadera pero no son incompatibles con la hipótesis contraria[69], pueden formularse al menos dos estándares de prueba exigentes, en el sentido de que ambos requieren una confirmación sólida para Ha. El primero (EP1) *exige que no existan pruebas que confirmen sólidamente la Hd pero es tolerante con la existencia de pruebas que la confirmen débilmente.* Por lo tanto, según este EP se podría condenar aunque existan pruebas que son compatibles con Hd (o que se puedan explicar si Hd fuera verdadera) pero que no son incompatibles con Ha. El segundo (EP2), más severo, *exige que no existan pruebas que confirmen ni sólida ni débilmente la*

---

[69] He ensayado estas formulaciones en "Sobre la posibilidad de formular estándares de prueba objetivos", DOXA, n.º 28 (2005), pp. 127-139.

Hd. Por tanto, conforme a este estándar sólo se puede condenar cuando la Hd no goce de ningún grado de confirmación. Por el contrario, no se puede condenar si existen pruebas que apoyen o confirmen Hd aunque sea en grado mínimo.

4.4. *Sobre el alcance heurístico y justificatorio de los estándares de prueba*

De todos modos, aunque pudiéramos formular estándares de prueba con más o menos finura y precisión, conviene no exagerar ni el valor heurístico ni el valor justificatorio de un estándar. Respecto a lo primero, un EP es una *guía para la valoración.* Pero una guía limitada. En concreto, el valor de un EP –como señala reiterada y (creo que) acertadamente LAUDAN[70]– consiste en indicarle al juez lo que debe buscar en la prueba para poder después justificar su decisión, y por tanto la dirección en que debe buscar pruebas. Por ejemplo, si en el proceso penal el EP exige la sólida confirmación de la hipótesis acusatoria, lo que le indica al juez es que no debe escrutar (o interesarse por) la existencia de pruebas que simplemente confirmen o sean compatibles con dicha hipótesis, sino de pruebas que, de ser ciertas, no podrían explicarse si la hipótesis acusatoria fuera falsa. Pero no indica mucho más. El juez tendrá aún

---

[70] L. LAUDAN. "Por qué un estándar de prueba subjetivo y ambiguo no es un estándar", cit.

por delante la tarea de valorar esas pruebas y de atri-
buirles un determinado peso en la formación de su
convicción, y el EP no ayuda en este punto. Respecto
a lo segundo, un EP es el *criterio conforme al cual ha
de reconstruirse la justificación de la decisión probatoria.*
Pero tampoco es mucho más que eso. Ello significa
que la justificación de la decisión será incompleta si
no se justifica la concurrencia de los elementos que
componen el estándar. Por ejemplo, si el estándar de
prueba exige que la hipótesis acusatoria (Ha) esté
sólidamente confirmada y sólo tolera que la hipótesis
de la defensa (Hd) esté débilmente confirmada, para
justificar una decisión condenatoria no bastaría con
decir que esto es así (o sea que Ha está solidamente
confirmada y Hd no lo está). Habría que justificar
aún por qué la Ha está sólidamente confirmada (o
sea, por qué las pruebas de cargo, consideradas en su
conjunto, no podrían explicarse si Hd fuera verdadera)
y Hd, en cambio, no. Y para ello será necesario recurrir a lo que podríamos denominar "argumentos de
la confirmación", es decir argumentos para sostener
por qué está confirmada o no una hipótesis y con qué
intensidad o grado está confirmada.

Estos *argumentos de la confirmación*, que son los
criterios para acreditar el grado o solidez de la confirmación (o sea, la probabilidad inductiva de una
hipótesis), derivan de la propia estructura de la confirmación, entendida como el apoyo que una prueba
o información presta a una hipótesis con la que está
conectada a través de una regla causal. A este respecto –recordémoslo– podría decirse que el grado

de confirmación de una hipótesis (o la solidez de la confirmación) aumenta o disminuye en función de los siguientes elementos: el *fundamento cognoscitivo de las leyes causales* que conectan las pruebas con la hipótesis (no es lo mismo que esas leyes causales gocen de un sólido fundamento científico, que sean genéricas e imprecisas máximas de experiencia, o que reproduzcan simples tópicos o prejuicios difundidos); la *solidez epistemológica de las pruebas* que la confirman (no es lo mismo que la hipótesis venga confirmada por el resultado de una prueba de DGQ o por un testimonio no demasiado sólido); el *número de pasos inferenciales* que separan las pruebas de la hipótesis (no es lo mismo que la hipótesis venga confirmada por una prueba directa o por una prueba circunstancial); la *cantidad de pruebas o confirmaciones* (no es lo mismo que la hipótesis venga confirmada por una sola prueba, por algunas pruebas o por muchas pruebas); y la *variedad de pruebas o confirmaciones* (no es lo mismo que la hipótesis venga confirmada sólo por testimonios directos o que venga confirmada por testimonios directos, pruebas científicas y pruebas indiciarias).

En definitiva, los *estándares de prueba* responden a la pregunta de cuándo se ha alcanzado la prueba de un hecho, o más precisamente, cuándo está justificado aceptar como verdadera la hipótesis que lo describe, y descansarán en última instancia en exigencias o grados de confirmación. Los *argumentos de la confirmación*, en cambio, son razones para justificar la solidez o la debilidad de la confirmación y responden, por tanto, a la pregunta de por qué una hipótesis está más o menos confirmada o resulta más o menos probable. Son también, retroactivamente, criterios a los que el juez debería atender para valorar el grado de confirmación que las pruebas atribuyen a una hipótesis. Los estándares de prueba, en suma, se insertan en un proceso de valoración racional, y por eso su papel de guías para la valoración (primero) y de esquemas para la justificación (después) será incompleto si esa valoración y justificación no se acompaña de los criterios racionales exigidos por la confirmación.

5. *Excursus* sobre la prueba científica

5.1. *Prueba científica. Sobrevaloraciones y paradigmas*

a. El mito

En los últimos años los constantes avances científicos y técnicos han tenido un profundo impacto en el ámbito de la prueba y juegan un papel cada vez más importante en todos los procesos. Los avances han sido particularmente espectaculares en el campo de la Genética Forense, que ha marcado un antes y un después en la resolución de numerosos problemas judiciales, tales como la investigación biológica de la paternidad, la resolución de problemas de identificación y el análisis de muestras biológicas de interés criminal, como manchas de sangre, saliva, esperma o pelos. El potencial de la huella genética es de tal magnitud que su uso en los tribunales se ha converti-

do ya en moneda corriente. Pero no es sólo la prueba
de ADN la protagonista de este boom. También hay
otras pruebas científicas, como la dactiloscopia y la
balística, que juegan un papel protagonista en muchos procesos. Y la prueba de locutores de voz, por
ejemplo, ha permitido fundar condenas en causas
de terrorismo en las que la prueba principal frente
al imputado es una llamada de teléfono avisando de
la colocación de un artefacto explosivo. Las pruebas
científicas, en definitiva, se han convertido en la clave
para probar muchos hechos que de otro modo difícilmente podrían haberse probado.

Pero la importancia de las pruebas científicas en
la práctica procesal no ha ido acompañada de un
proceso paralelo de cautelas y controles en relación
con las mismas. Más bien ha sucedido lo contrario.
Precisamente por el hecho de presentarse como "científicas" (y porque la mayoría de las veces –al menos en
Europa– provienen de los laboratorios oficiales de la
policía científica, estas pruebas han ido acompañadas
de un aura de infalibilidad que ha frenado (cuando no
claramente impedido) cualquier intento de reflexión
crítica sobre las mismas, con el resultado de que la
validez y el valor probatorio de este tipo de pruebas
se han asumido como dogmas de fe[71]. Lo cual es algo

---

[71] Por lo demás, esa desbordante confianza en la infalibilidad de la
prueba científica se ha visto alimentada por el tremendo impacto
que en el imaginario popular han tenido algunos booms televi-
sivos como la norteamericana FVL(*Crime Scene Investigation*), que
han generado una especie de beatificación de estas pruebas. De

que llama particularmente la atención si se considera que nada es menos "científico" que asumir como válido un conocimiento sin un previo control de sus postulados ajustado a una metodología científica. Es evidente además que esta convicción entraña un *peligro*, pues propicia que las decisiones probatorias apoyadas en pruebas científicas se asuman como incuestionables o irrefutables y, de paso, descarga al juez de hacer un especial esfuerzo por fundar racionalmente la decisión: basta con alegar que hubo prueba científica y que ésta apuntaba justamente en la dirección de la decisión probatoria final.

La beatificación de este universo probatorio se asienta en dos sobrevaloraciones. Por un lado sus resultados se aceptan como infalibles. Por otro, y sobre todo, se considera que esos resultados dicen cosas distintas de las que en realidad dicen[72]. La primera

---

modo que hoy estamos gozosamente dispuestos a creer en los informes prevenientes de los laboratorios de la policía científica como si se tratase de una verdad revelada (Advierte contra esta actitud J. Igartua, "Prueba científica y decisión judicial: unas anotaciones propedéuticas", *Diario La Ley*, n.º 6812, viernes, 2 de noviembre de 2007).

[72] La sobrevaloración de la prueba científica ha sido denunciada en el NCR Report, *Strengthening Forensic Science in the United States: A Path Forward*, The National Academies Press, Washington (USA), 2009, donde se lee expresamente: "For decades, the forensic science disciplines have produced valuable evidence that has contributed to the successful prosecution and conviction of criminals as well as to the exoneration of innocent people… Those advances, however, also have revealed that, in some cases, substantive information and testimony based on faulty

es una *sobrevaloración epistémica*. La segunda es, por
así decirlo, una *sobrevaloración semántica*[73].

b. Sobrevaloración epistémica

¿Pero por qué se asume con este fervor casi dogmático
el mito de la infalibilidad de las pruebas científicas?
¿Por qué todos los esfuerzos que en los últimos tiempos se están realizando por introducir racionalidad
en el ámbito de la prueba se dirigen fundamental y
casi exclusivamente a las pruebas no científicas? ¿Por
qué la prueba científica no se sitúa también bajo esa
mirada crítica?

No voy a desarrollar aquí una respuesta detallada a
estas cuestiones pero sí puede señalarse someramente su causa principal: no se ha reflexionado porque
se asume que una prueba científica transcurre por

forensic science analyses may have contributed to wrongful
convictions of innocent people. This fact has demonstrated the
potential danger of *giving undue weight to evidence* and testimony
derived from imperfect testing and analysis. Moreover, *imprecise
or exaggerated expert testimony* has sometimes contributed to the
admission of erroneous or misleading evidence" (Introduction,
Paragraph: Challenges Facing the Forensic Science Community,
p. 4).

[73] Sobre estas dos sobrevaloraciones, vid. más extensamente
MARINA GASCÓN, "Prueba científica: mitos y paradigmas", en
Anales de la Cátedra de Francisco Suárez, número conmemorativo:
"Un panorama de filosofía jurídica y política (50 años de Anales
de la Cátedra Francisco Suárez)", Granada, n.º 44, 2010, pp. 81
ss.

derroteros epistemológicos distintos al resto de las pruebas; que la arquitectura inferencial de ambos tipos de prueba es distinta; que mientras una prueba no científica se estructura a través de un razonamiento *inductivo*, la prueba científica se articula mediante un razonamiento *deductivo*. Lo que se sostiene, en otras palabras, es que la prueba *no científica* está basada en leyes probabilísticas de débil fundamento epistémico, por lo común máximas de experiencia y leyes del actuar humano habitual, que además son aplicadas dentro de una metodología no científica, de modo que sus resultados son falibles y han de medirse siempre en términos de simple probabilidad. En cambio la prueba *científica* –se argumenta– está basada en leyes universales (o en todo caso en leyes probabilísticas que gozan de un fuerte fundamento epistémico), que además son aplicadas dentro de una rigurosa metodología científica, por lo que sus resultados pueden tenerse por incuestionables o fuera de toda duda. Lo que se sostiene, en definitiva, es que el conocimiento que se obtiene en las Salas de los tribunales es frágil, en cambio lo que sucede en los laboratorios de la policía científica es otra cosa.

Naturalmente esta convicción es *errónea*, pues las pruebas científicas –como ya se apuntó– no constituyen por lo general un razonamiento de tipo deductivo, sino que están basadas prevalentemente en leyes estadísticas y sus resultados han de ser aún interpretados a la luz de otros datos, y por consiguiente difícilmente puede hablarse de "objetividad"[74] y mucho menos de infalibilidad en relación con las conclusiones obtenidas a raíz de las mismas. Por supuesto es muy probable que el mito de la infalibilidad de las pruebas científicas tenga mucho que ver con la prueba del DGQ, cuya metodología está ya tan perfeccionada y el grado de probabilidad que arroja es tan alto que en la práctica puede "actuarse como si" fuese infalible. No obstante, y aún dando esto por sentado, conviene adoptar una actitud un poco más crítica, pues la calidad epistémica –y por tanto el valor probatorio– de los resultados de una prueba científica depende de varios factores[75].

---

[74] "Cualquier juicio sobre probabilidad en un caso particular, incluso aunque el juicio esté basado en una frecuencia relativa, tiene una componente basada en conocimiento personal". Esto es lo mismo que decir que cualquier juicio sobre probabilidad es esencialmente personal y, por tanto, subjetivo. Los que entienden los resultados estadísticos como resultados objetivos en el sentido de interpretarlos como incontrovertibles y universalmente alcanzables tienen una concepción irreal de lo que la ciencia puede llegar a hacer en la práctica. Puede hablarse de objetividad entendida como acuerdo intersubjetivo. En este sentido es más fácil que los científicos acepten unos resultados si están basados en frecuencias relativas que si lo están en valoraciones subjetivas de probabilidad, pero ese acuerdo no implica, en ningún caso, que los científicos crean que los resultados son incontrovertibles (F. TARONI, C. AITKEN, P. GARBOLINO and A. BIEDERMANN, *Bayesian Networks and Probabilistic Inference in Forensic Science*, John Wiley and Sons Inc., Chichester, 2006, cap. 1: "The Logic of Uncertainty", p. 21).

[75] En su informe *Scientific Evidence in Europe. Admissibility, Appraisal and Equality of Arms*, CDPC (2010), 10, CHRISTOPHE CHAMPOD y JOËLLE VUILLE realizan un exhaustivo repaso por los factores

En primer lugar depende de la *validez científica y/o metodológica* de la misma. Muchas de estas pruebas pueden realizarse por métodos científicos diferentes y no todos ellos gozan del mismo crédito en la comunidad científica correspondiente, de manera que la validez científica del método usado, y con ello la calidad de los resultados alcanzados, pudiera ser objeto de discusión. En segundo lugar, la fiabilidad atribuible a una prueba científica depende también de su *calidad técnica*. Cabe hablar aquí de *corrección técnico-procedimental*, en referencia a todo el proceso que conduce desde el descubrimiento o registro del vestigio o de la muestra hasta su análisis en el laboratorio (por ejemplo, a efectos de atribuir fiabilidad al resultado del análisis de una huella dactilar, el problema no es tanto, o no sólo, la validez científica de la prueba, sino, en primer lugar, saber quién tomó la huella, por orden de quién, en qué objeto estaba depositada, en qué punto concreto, cómo fue la cadena de custodia, etc; y lo mismo con respecto al análisis de una mancha de sangre, orina, saliva)[76]. Pero cabe

---

que pueden influir negativamente en el valor probatorio atribuible a los resultados de las pruebas científicas. A continuación destacamos algunos, pero para una visión completa remitimos a ese excelente estudio [que puede consultarse en www.coe.int/t/e/legal_affairs, pp. 10 ss.].

[76] Es evidente, por ejemplo, que, pese al potencial de la prueba de ADN, el estado en el que llegan los vestigios biológicos al laboratorio es crucial: si los vestigios no han sido bien recogidos o conservados (por ejemplo, porque han sido contaminados por un ADN extraño) la posibilidad y el rendimiento del análisis se

hablar también de *corrección técnico-científica*, para hacer referencia a su correcta realización en laboratorio: por personal cualificado y siguiendo los protocolos apropiados. La regla aquí debería ser: "cuanto mayor es la expectativa de valor probatorio depositada en una prueba, más rigurosos deben ser los controles de realización de la misma". Y por último, en tercer lugar, no hay que olvidar que las pruebas las realizan personas de carne y hueso, y por lo tanto pueden cometer errores. No son pocos los estudios que en los últimos tiempos llaman la atención sobre los *riesgos cognitivos* de algunas pruebas científicas[77], sobre todo de aquellas tradicionales que, como la dactiloscopia y la grafística, tienen un fuerte componente comparativo que las deja enteramente bajo la supervisión del perito[78].

---

reduce. Por eso la *recogida de indicios* ha de hacerse con sumo cuidado, y el *mantenimiento de la cadena de custodia* es fundamental para que los indicios no pierdan su valor probatorio. Llama la atención a este respecto el entusiasmo con el que muchos países se han abierto a las pruebas científicas (particularmente a las de DGQ) sin un marco normativo previo que regule los procedimientos de obtención y conservación de los datos y garantice en consecuencia la fiabilidad de los resultados.

[77] Con respecto a los riesgos cognitivos cfr. I. DROR, "How can Francis Bacon help forensic science? The four idols of human biases", *Jurimetrics Journal*, 50, 2009, pp. 93-110; y I. E. DROR & S. A. COLE, "The vision in "blind" justice: Expert perception, judgment, and visual cognition in forensic pattern recognition", en *Psychonomic Bulletin & Review*, 17, 2010, pp. 161-167.

[78] Ch. CAMPOD & J. VUILLE, *Scientific Evidence in Europe*, cit., pp. 10-11.

En conclusión, la validez de la prueba científica (y por consiguiente la fiabilidad de sus resultados) no es algo que haya que dar por descontado, sino que depende de la *validez científica del método usado*, de que se haya utilizado la *tecnología apropiada* y de que se hayan seguido rigurosos *controles de calidad*. Por consiguiente, incluso en relación con la prueba de ADN, que con el tiempo ha conseguido un altísimo grado de solidez científica y se presenta como el modelo a seguir por el resto de los campos de la ciencia forense, no puede caber ninguna duda sobre la necesidad de prestar atención a estas dos últimas cuestiones a la hora de evaluar el crédito que dicha prueba merece. Ahora bien, cumplidas todas estas precauciones, el problema de las pruebas científicas no reside ni mucho menos en la prueba del ADN. El problema reside en que hay otras muchas áreas de la policía científica que están muy lejos de haber gozado del mismo grado de atención y desarrollo científico que la genética forense, pero sobre las que sin embargo se fundan diariamente muchas decisiones judiciales.

Del mito de la infalibilidad de las pruebas científicas derivan algunas consecuencias de importancia. Seguramente la más evidente y adversa sea la falta de control sobre su validez y fiabilidad, lo que sin duda permite la entrada en el proceso de auténtica *ciencia basura*, datos sin fundamento científico alguno con los que los laboratorios y los peritos hacen un auténtico negocio. Piénsese sin ir más lejos en la grafología o en el polígrafo. Por otra parte, y vinculado a lo anterior, el mito de la infalibilidad de la prueba científica nos enfrenta al peligro del desconocimiento de los errores judiciales que pueden cometerse con base en ella. El denominado *Innocent Project*, puesto en marcha por los abogados BARRY SCHECK y PETER NEUFELD en la Cardozo Law School para demostrar, mediante pruebas de ADN, la inocencia de un buen número de condenados, ha puesto de relieve no sólo la fragilidad de los medios de prueba tradicionales, como los testimonios y las confesiones, sino también de las pruebas científicas sobre las que se basaban algunas de estas condenas[79]. Por último, este mito entraña un riesgo adicional, un efecto adverso desde el punto de vista jurídico: en la medida en que el informe pericial se asume como infalible podría decirse que *es el propio perito quien indica al Juez lo que debe creer sobre la hipótesis en consideración*, sin que el juez, por consiguiente, pueda separarse de tal juicio sin razones poderosas. Pero de este modo se termina convirtiendo a los peritos en decisores de la causa y, por consiguiente, instaurando un nuevo sistema de prueba fundado en la autoridad de los expertos.

c. Sobrevaloración semántica

Pero no es sólo el dogma de la infalibilidad de las pruebas científicas lo que debe ser revisado. También debe ser revisada otra cuestión: la que al principio

---

[79] Puede consultarse la página web del proyecto en www.inocen-ceproject.org.

llamé la "sobrevaloración semántica"; o más concretamente, el hecho de considerar que los resultados de la prueba (además de infalibles) dicen cosas distintas de las que en realidad dicen.

Si la prueba científica ha sido entronizada en el proceso es porque se da por descontado no sólo el altísimo valor probatorio o incluso infalibilidad de sus resultados, sino también que éstos hablan directamente de aquello que se pretende probar. Se piensa, en concreto, que el resultado de una prueba de ADN señala directamente la pertenencia o no del vestigio analizado a la persona de la que procede la otra muestra de ADN con el que aquél se contrasta (el acusado en una causa penal, por ejemplo); que el resultado de una prueba de balística dice directamente si el casquillo evaluado salió o no de la pistola del acusado; si la impresión de calzado analizada procede de la pisada de una cierta persona; si la escritura manuscrita examinada procede del demandado; si la voz analizada que realizó la llamada telefónica avisando de la colocación del artefacto explosivo pertenece o no al acusado, etc. Se piensa, en definitiva, que el resultado de una prueba científica habla en los términos en que el juez necesita pronunciarse.

Esta creencia expresa lo que en el ámbito de la ciencia forense se denomina el *paradigma de la individualización*, que se asienta sobre la supuesta capacidad de llegar a identificar plenamente a un individuo o a un objeto a partir de vestigios. Dicho paradigma se presenta como modelo a seguir para todas las técnicas identificativas en criminalística, y en términos generales consiste

en sostener que el resultado de la prueba científica
identifica (y además, categóricamente) un vestigio
con una fuente, con exclusión de todas las demás[80].

Las cosas, sin embargo, no son así[81]. Y de hecho en
los últimos años el paradigma de la individualización

_____

[80] Aludiendo al paradigma de la individualización, el NRC Report,
Strengthening Forensic Science in the United States, Washington
(USA), February 2009, dice que los analistas creen que algunas
marcas son únicas, cit., "(típicamente las impresiones de calzado
y de neumáticos, las impresiones de crestas procedentes de la
dermis, marcas de herramientas y de armas de fuego, y exámenes de escritura manuscrita)" [...] Y creen que "esa unicidad
es transmitida fielmente desde la fuente a la evidencia que es
objeto de examen (o en el caso de los exámenes de escritura
manuscrita, que los individuos adquieren hábitos que dan lugar a una escritura individualizada). Cuando la evidencia y la
fuente de donde pueda proceder se comparan, una conclusión
de individualización implica que la evidencia se originó desde
esa fuente, con exclusión de todas las demás fuentes posibles"
(Capítulo 1, Introducción, Sección *Presiones sobre el Sistema de
Ciencia Forense*, Párrafo Ciencia Cuestionable o Cuestionada).

[81] Uno de los ensayos más estimulantes de los últimos tiempos
sobre el uso de la estadística en la ciencia forense, la obra de
R. Royall/*Statistical Evidence*, denuncia explícitamente que el
uso de métodos estadísticos estándar conduce muchas veces
a tergiversar los resultados de las pruebas: unas veces dán-
doles un peso mayor o menor del que realmente tienen; otras,
considerando que los datos estadísticos apoyan un resultado
cuando en realidad sucede justo lo contrario (R. Royall: *Statistical Evidence: A Likelihood Paradigm, Monographs on Statistics
and Applied Probability*, Chapman¬Hall/ CRC, London, 1997,
Prefacio, p. xi). Y esto último sucede, no porque los expertos
usen equivocadamente la estadística, sino justamente porque
domina el paradigma de la individualización.

ha recibido fuertes críticas por parte de la comunidad
científica, que considera que, por más que se trate de
un esquema de análisis simple e intuitivo, no resulta
aceptable: la pretensión no comprobada de que es
posible vincular un vestigio desconocido a una única
fuente representa una equivocada intuición probabilística que iguala infrecuencia con unicidad[82]. O dicho
muy brevemente, se considera imposible obtener
prueba concluyente de la unicidad[83].

Como resultado de lo anterior los científicos consideran que hay que interpretar los resultados de
las pruebas, no en términos de identificación (de un
vestigio con una fuente) sino en términos de *razón de*

---

[82] M. J. Saks and J. J. Koehler, "The Individualization Fallacy in
Forensic Science Evidence", *Vanderbilt Law Review*, vol. 61, n.º 1
(January 2008), pp. 199-219. D. H. Kaye, *Probability, Individualization and Uniqueness in Forensic Science: Listening to the Academies*,
30th June 2009, Social Science Research Network (ssrn), nota n.º
39, que puede consultarse en el siguiente sitio: http://papers.
ssrn.com/sol3/papers.cfm?abstract_id=1261970. Como D. H.
Kaye comenta (nota n.º 39), existe un riesgo nunca igual a cero
al aceptar cualquier inferencia sobre un parámetro poblacional.
"La distancia entre la muestra y la población requerirá siempre
un salto de fe. Lo único que vale la pena debatir es la longitud
del salto". Cfr. también D. A. Stoney, "What Made Us Ever
Think We Could Individualize Using Statistics?", 31 J. *Forensic
Science Society* 197 (1991).

[83] Por eso, "a dispassionate scientist or judge reviewing the current
state of the traditional forensic sciences would likely regard
their claims as plausible, underresearched and oversold" (M.
J. Saks, J. J. Koehler, "The Coming Paradigm Shift in Forensic
Identification Science", *Science*, vol. 309, 2005, p. 892).

verosimilitud (*likelihood ratio*). Lo que se sostiene, más concretamente, es que no hay fundamento científico alguno para que un perito sostenga *categóricamente* que ha sido capaz de identificar a una persona o un objeto a partir de los análisis llevados a cabo en el laboratorio. Pero la crítica va más allá: no hay tampoco fundamento científico alguno para que en el informe pericial se realice siquiera una valoración *probabilística* sobre la posibilidad de atribuir a una persona o a un objeto el vestigio analizado[84]. El resultado de un análisis de voz, por ejemplo, o el de una comparación de perfiles de ADN, no dice (ni concluyente, ni probablemente) que la voz o el ADN del vestigio analizado pertenezca a tal o a cual persona, sino que sólo aporta *datos* que, una vez *interpretados* con las adecuadas herramientas estadísticas, dicen cosas del siguiente tipo: "es X veces más probable que se observe tal rasgo en la voz analizada si ésta pertenece al acusado que si no pertenece a él", o "es X veces más probable que coincidan los perfiles genéticos si el vestigio analizado procede del acusado que si procede de una fuente distinta". En otras palabras, las pruebas científicas hablan de la *probabilidad de los datos analíticos y técnicos* resultantes tras el análisis en el laboratorio a la luz de

---

[84] Para un análisis detallado de las críticas recibidas por el paradigma de la individualización, remito al trabajo conjunto M. GASCÓN, J. J. LUCENA y J. GONZÁLEZ, "Razones científico-jurídicas para valorar la prueba científica: una argumentación multidisciplinar", en *Revista La Ley*, n.º 7481, 4 de octubre de 2010.

las hipótesis judiciales examinadas, y no al revés; es decir no hablan de la probabilidad de las hipótesis judiciales consideradas a la luz de esos datos. Por eso la extendida costumbre de expresar los resultados de las pruebas científicas en términos de identificación categórica o incluso probabilística (particularmente extendida en las técnicas forenses tradicionales) debe ser abandonada. Por lo demás, como ha subrayado Ch. Champod en su dura crítica al paradigma de la individualización, la ciencia forense, para ser útil, no necesita manejar ese paradigma, por lo que debe ser erradicado[85].

5.2. *El paradigma de la verosimilitud*

Pero si el paradigma de la individualización no resulta válido, cabe preguntar cómo debe valorarse la prueba científica. El llamado por R. Royall *paradigma de la verosimilitud*[86] levanta acta de esta situación. Dicho paradigma se erige sobre la distinción entre las tres preguntas básicas que cabe formular una vez que el perito ha realizado ya los análisis pertinentes en una prueba científica: *¿qué nos dicen los datos* u observaciones resultantes de esos análisis sobre la hipótesis

---

[85] C. Champod, *Interpretation of evidence and reporting in the light the 2009 NRC report*. Keynote Speech of the Interpretation and Evaluation Session of the V Conference of the European Academy of Sciences held in Glasgow (Scotland), University of Strathclyde, 8-11 September 2009.

[86] R. Royall, *Statistical Evidence: A Likelihood Paradigm*, cit.

A en relación con la hipótesis B?, *¿qué debemos creer a partir de esos datos?* y *¿qué debemos hacer?*[87]. Como enseguida se verá, esta distinción se presenta como una importante herramienta a la hora de reconstruir cómo interacciona con el proceso judicial una prueba que se desarrolla fuera del mismo. De hecho permite realizar un deslinde neto de tareas entre el perito y el juez.

a. Lo que dicen los datos

Responder a la primera pregunta (*qué dicen los datos*) es la principal tarea del perito en el proceso, quien (por ejemplo en una prueba de comparación de voces) deberá *interpretar el resultado* de la prueba en el laboratorio (supongamos que positivo: los rasgos de las voces comparadas coinciden) dándole un alcance en relación con las hipótesis enfrentadas (supongamos que *A*: la voz pertenece al acusado; o *B*: la voz no pertenece al acusado). Muy simplemente, se trata de interpretar qué nos dicen los datos respecto de una hipótesis frente a la otra. Recordemos que la interpretación de esos resultados ha de hacerse en términos de *razón de verosimilitud*, y es importante que se haga bien, porque es lo que se refleja en el

---

[87] Para un desarrollo más extenso del alcance de este paradigma vid. "Razones científico jurídicas para valorar la prueba científica: una argumentación multidisciplinar" (M. GASCÓN, J. J. LUCENA y J. GONZÁLEZ), en *La Ley*, cit.

informe de conclusiones y por consiguiente lo que se va a comunicar al Juez.

b. Lo que debe creerse

Una vez que los datos han sido interpretados y expresados adecuadamente en el informe pericial hay que responder a la segunda pregunta (*qué debe creerse a partir de esos datos*), o sea hay que *evaluar* la veracidad de las hipótesis enfrentadas (*A* y *B*), y ello ha de hacerse a partir de lo que dicen esos datos pero teniendo en cuenta también lo que dice el resto de las pruebas e informaciones disponibles.

Es evidente que esta tarea de valoración de las hipótesis en juego a partir de los datos aportados por la prueba corresponde al Juez, al menos por dos razones. Primero porque es el juez quien tiene *institucionalmente* atribuida la función de proveer una solución jurídica para el caso litigioso, y por lo tanto la de determinar previamente cuáles han sido los hechos que han dado origen al conflicto. Y segundo porque también el principio de *libre convicción*, en la medida en que consagra que el juez no debe dar por probado un hecho entretanto no se haya convencido de su verdad, exige atribuir a éste la tarea de determinar lo que hay que creer a partir de la prueba, incluida la científica[88]. Resulta claro, por consiguiente, que

---

[88] Por eso la "cientificidad" de la prueba, por sí misma, no cierra la cuestión de su valor probatorio, que debe ser resuelto por el

el paradigma de la individualización no es compatible con asignar exclusivamente al juez la tarea de valoración de la prueba, pues si el informe pericial hablara en términos de "el vestigio v proviene (o no proviene) de la fuente f" habría sido el perito (y no el juez) quien habría determinado lo que hay que creer sobre las hipótesis en conflicto.

En suma, la neta distinción entre la tarea del perito (interpretar y comunicar lo que dicen los datos) y la del juez (valorarlos a la luz de los demás datos y pruebas disponibles) es el núcleo del paradigma de la verosimilitud. El paradigma de la individualización, por el contrario, no distingue entre la tarea del perito y la del juez, pues propicia que el perito declare en términos de "el vestigio v procede de la fuente f (por ejemplo, el acusado)", que son los términos en que debe expresarse el juez en ejercicio de la tarea de valoración de la prueba que sólo a él le corresponde[89].

---

tribunal en cada caso en virtud del principio de libre valoración. En el mismo sentido, J. Wròblewski: "la referencia a la ciencia especializada no excluye la valoración de las pruebas", en La prueba jurídica: axiología, lógica y argumentación", en Id., "Sentido" y "hecho" en el derecho, San Sebastián, UPV, 1969, p. 185.

[89] Por lo demás, este paradigma comporta un riesgo importante de comisión de falacias. Como la conocida falacia del fiscal (*prosecutor fallacy*). Sobre la falacia del fiscal y la falacia de la defensa, cfr. W. Thompson y E. Schumann, "Interpretation of statistical evidence in criminal trials. The prosecutor's fallacy and the defense attorney fallacy", *Law Human Behav.* 1987, 11, pp. 167 ss.

Pero de este modo importantes principios jurídicos, como el de la libre convicción, resultan conculcados.

c. Lo que debe hacerse

Por último, el paradigma de la verosimilitud también traza la distinción entre *lo que debe creerse* y *lo que debe hacerse* a partir de la realización de una prueba científica. Dicha distinción resulta sumamente apropiada para reconstruir otra distinción esencial dentro del universo de la prueba: la existente entre la valoración de la prueba y la decisión sobre los hechos probados. Mientras que lo que debe *creerse* fundadamente sobre una hipótesis se expresa como la probabilidad de esa hipótesis y puede identificarse con la *valoración* de la prueba, lo que debe *hacerse* (o sea, la *toma de decisiones* en presencia de esa probabilidad) expresa la cuestión de los *estándares* de prueba; es decir, la determinación del grado de probabilidad que debe haber alcanzado una determinada hipótesis para que podamos considerarla probada y actuar en consecuencia. Y así como la valoración de la prueba es (o debería ser) una cuestión completamente librada a la *racionalidad epistémica*, la fijación de estándares de prueba es también una cuestión de *policy*, es decir política o valorativa, enteramente dependiente de lo tolerante que el sistema esté dispuesto a ser con cada uno de los dos errores que pueden cometerse al adoptar una decisión: declarar probado lo falso y declarar no probado lo verdadero. Es evidente, por ejemplo, que el estándar de prueba en el proceso civil es mucho más bajo que en el penal. De manera que mientras que en el primero podríamos aceptar que la prueba de un hecho descanse sobre una probabilidad preponderante (digamos, del 55%), en el segundo sólo estamos dispuestos a condenar con una probabilidad muy cualificada; y ello por la simple razón de que somos menos tolerantes con el error consistente en condenar a un inocente que con el consistente en absolver a un culpable.

En suma, *lo que hay que creer* sobre una cierta hipótesis depende de lo que dicen los datos sobre la misma y del resto de las informaciones disponibles. *Lo que debe hacerse* depende obviamente de lo que hay que creer, pero también del contexto normativo en el que se encuadra la decisión a adoptar. Por eso, ante una misma creencia, no es lo mismo tomar una decisión en el marco de un proceso civil que en el marco de un proceso penal. Y aún en este último supuesto, no es lo mismo que la decisión se adopte en el marco de la instrucción que en el del juicio oral.

5.3. Los retos

De lo dicho hasta aquí derivan algunas consecuencias que plantean importantes retos de cara a la consecución del objetivo final de racionalización de la función de juzgar cuando se utiliza prueba científica. La primera tiene que ver con el control de la validez y fiabilidad de la prueba y deriva de la conciencia de falibilidad de las pruebas. La segunda está relacionada con el contenido y sentido del informe pericial, esto es, con el modo en cómo han de formularse las conclusiones en el informe, y deriva del paradigma de la verosimilitud. La tercera, por último, hace referencia al modo en que ha de valorarse la prueba científica y deriva también del paradigma de la verosimilitud.

a. Sobre la admisibilidad de la prueba científica. El juez como *gatekeeper*

La admisibilidad es el control de entrada de la prueba en el proceso. Controlar que los informes periciales admitidos al proceso tengan un sólido fundamento científico es de un interés epistémico máximo, pues dicho control aspira a dejar a la pseudociencia fuera del ámbito de las decisiones judiciales. De hecho todos los esquemas de control de validez y fiabilidad (en definitiva, de calidad) de las pruebas científicas comparten ese objetivo. Cómo conseguir esto es lo que marca la diferencia entre ellos.

En línea de principio cabe adoptar dos grandes posturas sobre la admisibilidad de la prueba científica. Cabe sostener, por un lado, que *no es necesario un control específico de admisibilidad científica* de la prueba (validez científica) *junto con el control de admisibilidad procesal* (relevancia y legalidad) y que, por consiguiente, todas las pruebas científicas relevantes y legalmente obtenidas deben ser admitidas, dejando la cuestión de su validez científica para el momento de la valoración[90]. Pero también cabe

---

[90] Lo que se sostiene, en definitiva, es que si la prueba no es vá-

sostener que *junto al control de admisibilidad procesal debe haber otro de admisibilidad científica* diferente de la fase de valoración de la prueba, es decir de atribución a la misma de valor probatorio[91].

En Europa en general se ha seguido la primera postura. Las pruebas científicas relevantes y legalmente válidas entran en el proceso sin traba alguna y son valoradas por el juez, que les atribuye mayor o menor fuerza probatoria dependiendo, entre otros factores, de la validez científica y fiabilidad de la metodología usada para obtenerlas. En otras palabras, la validez y fiabilidad de una prueba científica no se evalúa en el trámite de admisibilidad sino que se pondera en el momento de la valoración y se refleja en el valor probatorio que se atribuye a la prueba. Pero esta opción presenta algunos inconvenientes.

En primer lugar una importante cuestión conceptual que, no obstante, tiene trascendencia práctica. Este modelo no distingue entre la fase de admisibilidad científica de la prueba y la fase de valoración de la misma, de modo que la *fiabilidad científica* de la prueba se confunde a menudo con su *valor probatorio*. Debe observarse, sin embargo, que admitir una prueba

---

lida ya se encargará el juez en el momento de la valoración de privarla de valor probatorio.

[91] Puede consultarse in extenso una confrontación de los modelos de control aludidos en A. M. Hayajneh & S. H. Al-Rawashdeh, "Theoretical Approaches to Admitting Scientific Evidence in the Adversarial Legal System", en *European Journal of Scientific Research*, vol. 41, n.º 2 (2010), en particular, pp. 187 ss.

científica no implica pronunciarse sobre su valor
probatorio, sino meramente sobre la posibilidad de
tomarla en consideración para la decisión del caso.
Ambos conceptos (validez científica y valor probatorio) deben ser claramente distinguidos.

En segundo término está también el problema
de que los jueces, por lo general, carecen de los conocimientos científicos necesarios para evaluar la
validez y fiabilidad de estas pruebas. Por eso dejar
enteramente en sus manos la libre apreciación de
este dato, sin establecer un estándar objetivo para
guiarlos, puede conducir a rechazar pruebas científicamente válidas que podrían haber ayudado al
esclarecimiento de la verdad, o –lo que es más probable– puede conducir a dar crédito a pruebas que
son pura charlatanería pseudocientífica y que pueden
convertirse en fundamento de decisiones judiciales
erróneas. No puede desconocerse la gran capacidad
de persuasión e influencia que una prueba científica
puede tener sobre la convicción judicial, con lo que si
se admite su entrada en el proceso sin ningún control
se corre el riesgo de que, al final, la decisión venga
determinada por pura y simple *junk science*[92]. Por
eso parece más apropiada la opción alternativa, esto
es, la que aboga por establecer un estándar objetivo

---

[92] La admisión al proceso de prueba científica no fiable "lead the
judges [a]stray and thus undermine the factual accuracy of
criminal adjudication", Paul Roberts y Adrian Zuckerman,
Criminal Evidence, Oxford University Press, Oxford, 2004, p. 69.

de admisibilidad científica de las pruebas junto al examen de su admisibilidad procesal.

Esta es la opción que se ha seguido en Estados Unidos. Allí, el que se conoce como *Dauber test*[93] ha establecido como estándar de admisibilidad, junto con la *general acceptance* de la teoría y técnica usadas por la comunidad científica concernida, la *validez científica* de la técnica aplicada, que ha de acreditarse evaluando los siguientes factores: (a) si la teoría o la técnica se puede probar y si ha sido efectivamente puesta a prueba (verificabilidad y refutabilidad como criterios mínimos de cientificidad de cualquier teoría); (b) si se han realizado publicaciones especializadas en el tema sometidas a una revisión de pares, (c) cuáles son los márgenes de errores potenciales asociados al método, y (d) cuáles son –si es que existen– los procedimientos estandarizados y los controles de calidad que rigen la práctica. No es que el *Dauber test* exija que cualquier técnica científica usada como fuente de prueba cumpla todos los criterios mencionados, pues esto es algo que queda al criterio del juez. Pero sí exige a los jueces –y esto es lo más significativo– escrutar de manera más estricta muchas pruebas científicas que hasta ahora no habían sido cuestionadas y conduce así a que éstos recuperen su papel de *gatekeeper*[94].

---

[93] El estándar fue establecido por *Daubert v. Merrell Dow Pharmaceuticals Inc.*, 113 S.Ct.2786 (1993).

[94] Prácticamente una réplica del Dauber test cabe encontrar en los criterios sugeridos para el Reino Unido por la *Law Commission* (The Law Commission, *The Admissibility of Expert Evidence in*

Por decirlo muy sumariamente, la sentencia Dauber supone un llamamiento a los jueces para que miren más críticamente las pruebas científicas[95]. De hecho, después de esta sentencia, ámbitos tradicionales de la policía científica, como las huellas papilares, la grafística y la balística empiezan a ser puestos seriamente en cuestión.

Pero el *Dauber test* tampoco ha zanjado la polémica porque su aplicación presupone que los jueces son capaces de comprender y aplicar los conceptos científicos necesarios para evaluar la validez de estas pruebas; lo que no siempre es cierto. Por supuesto cuando la prueba ha sido ya objeto de un intenso debate y aceptación por parte de la comunidad científica, como sucede con la prueba del ADN, no se plantea ninguna cuestión sobre su admisibilidad. Pero siempre habrá otras especialidades de la ciencia forense con mayor fragilidad científica que la prueba de ADN. No debe extrañar por ello que para muchos cada vez esté

Criminal Proceedings in England and Wales - A New Approach to the Determination of Evidentiary Reliability – A Consultation Paper, www.lawcom.gov.uk/expert_evidence.htm, Consultation Paper n.º 190, 2009, pp. 53 ss.).

[95] Con elocuentes palabras Ch. Champod y J. Vuille dan esta idea: La sentencia Dauber "insiste de manera implícita sobre el escepticismo que el juez debe mantener hacia el perito, el cual deja de ser considerado como el miembro de una élite con autoridad y pasa a ser un agente social comparable a cualquier otro, eventualmente sometido a presiones de orden político y económico que pueden alterar su dictamen", *Scientific Evidence in Europe*, cit., p. 26.

más clara la necesidad de formar a los jueces en los distintos ámbitos de especialidad forense, y sobre todo la necesidad de proporcionarles una formación específica en las nuevas áreas que vayan surgiendo. En todo caso muchas cuestiones permanecen abiertas: ¿es realista instar a los jueces a adquirir conocimientos científicos para poder evaluar la fiabilidad de la prueba científica?[96] Puesto que no todos los jueces tendrían los mismos conocimientos, ¿no acentuaría esto la disparidad de las actuaciones en la práctica? ¿Pero no es aún más peligroso dejar esta tarea enteramente en manos de los expertos, que podrían tener intereses ocultos en la promoción de ciertas técnicas? ¿No sería posible un sistema donde los jueces decidieran con la ayuda de un órgano independiente y científicamente competente?[97]

---

[96] Esta es la razón por la que, en su informe de 2009, *The Law Comission* propone para el Reino Unido la posibilidad de que excepcionalmente, en los casos muy delicados, el juez pueda solicitar la ayuda de los expertos para evaluar la validez científica de la técnica propuesta (me refiero al informe *The Admissibility of Expert Evidence in Criminal Proceedings in England and Wales. A new Approach to the Determination of Evidentiary Reliability*, 2009). Estimo esta sugerencia sumamente interesante.

[97] "Una posibilidad podría ser establecer un órgano, al estilo del British Forensic Science Advisory Council and Forensic Science Regulator, que actuara como el principal consultor de las autoridades políticas y jurídicas en relación con la fiabilidad de las técnicas científicas que se usen [...] Ese órgano no tendría poderes vinculantes, pero podría emitir recomendaciones [...] que auxiliarían a los jueces cuando tuviesen que pronunciarse sobre la admisibilidad de una nueva técnica forense o sobre la

b. Sobre el modo de transmitir los resultados de la prueba científica

Aparte del central asunto de la fiabilidad de la prueba científica hay otra importante cuestión relativa al informe pericial y a la que desgraciadamente no se le ha prestado demasiada atención[98]. La cuestión concierne, en concreto, al modo en que los peritos deberían interpretar y expresar los resultados de los test en su informe para evitar que sean malentendidos o sobrevalorados por los jueces. Muy brevemente, cómo deben formularse las conclusiones del informe pericial para comunicar correctamente los resultados de las pruebas a los tribunales.

De acuerdo con el paradigma de la verosimilitud al perito no le corresponde emitir una opinión sobre la hipótesis en consideración sino sólo *dar cuenta de los datos de un modo científicamente riguroso*, permitiendo así que el juez entienda exactamente su significado

---

fiabilidad de una nueva forma de prueba, o cuando pareciera adecuado abandonar una forma de prueba que hubiera quedado obsoleta" (Ch. CHAMPOD y J. VUILLE, *Scientific Evidence in Europe. Admissibility, Appraisal and Equality of Arms*, cit., p. 109).

[98] De ello se lamentaba no hace mucho, entre otros, S. M. WILLIS, "Forensic science, ethics and criminal justice", en J. FRASER & R. WILLIAMS (eds.), *Handbook of forensic science*, Cullompton, UK: Willan Publishing, 2009, pp. 523-545. The NRC Report *Strengthening Forensic Science in the United States* también presta atención a este asunto, al establecer que es absolutamente necesario sentar las bases "para la correcta valoración y comunicación de los hallazgos forenses" (*Reporting Results Section*, p. 186).

y pueda valorarlos junto con el resto de las pruebas disponibles. En relación con esto conviene insistir en una cuestión central: las conclusiones de la prueba que el perito formula en su informe se orientan a determinar *el significado (o el grado de probabilidad) de los datos analíticos o técnicos resultantes a la luz de todas las hipótesis en consideración, y no el significado (o el grado de probabilidad) de las hipótesis en consideración a la luz de los datos analíticos o técnicos resultantes*. Entender que las conclusiones de la prueba hablan en estos últimos términos, esto es, que las pruebas le dicen al juez justamente lo que él debe determinar para fundar su decisión, es propio del paradigma de la individualización, que no distingue entre lo que dicen los datos (una tarea pericial) y lo que debe creerse a partir de los mismos (una tarea judicial), y da lugar a múltiples malinterpretaciones y en ocasiones a serios errores judiciales. Esto, por ejemplo, es lo que explica que se produzcan las conocidas como falacia del fiscal y falacia de la defensa[99].

---

[99] Sobre la falacia del fiscal y la falacia de la defensa, cfr. W. Thompson y E. Schumann, "Interpretation of statistical evidence in criminal trials. The prosecutor's fallacy and the defense attorney fallacy", cit., pp. 167 ss. Y entre nosotros A. Carracedo, "Valoración de la prueba del ADN", en *La prueba del ADN en la medicina forense. La Genética al servicio de la ley en el análisis de indicios criminales y en la investigación biológica de la paternidad* (Begoña Martínez Jarreta [dir.]), Barcelona, Masson, 1999, cit., p. 303. Sobre la falacia del fiscal puede consultarse más recientemente W. C. Leung, "The prosecutor's fallacy – a pitfall in interpreting

Probablemente no hay fórmulas mágicas para expresar las conclusiones en el informe, y probablemente no hay una sola fórmula. Pero lo que sí está claro es que debe huirse de las expresiones (categóricas o incluso sólo probabilísticas) sobre las hipótesis planteadas por las partes con respecto a un cotejo criminalístico, y debe en cambio optarse –no importa insistir en ello– por pronunciamientos del tipo "es R veces más probable que coincidan los perfiles genéticos si el vestigio x procede de la fuente f que si no procede de f'; o "es R veces más probable que coincidan las huellas dactilares si la huella es del acusado que si no lo es"[100]. Por eso las llamadas escalas verbales de probabilidad, ampliamente usadas en el análisis de huellas digitales, examen de escritura, balística, comparación de caras, identificación de voz mediante análisis lingüístico o comparación de huellas de calzado, neumáticos y herramientas son erróneas. De hecho estas escalas reproducen el paradigma de la identificación estableciendo, no lo que dicen los datos, sino lo que debe creerse sobre la hipótesis en consideración a partir de los mismos. En este sentido un importante reto que la ciencia forense tiene ante sí es el establecimiento de unos estándares de conclusiones que guíen el trabajo de los laboratorios

---

probabilities in forensic evidence", *Medicine Science and the Law*, 42, 2002, 44-50.

[100] Me permito remitir aquí, de nuevo, a nuestro trabajo Gascón, Lucena y González, "Razones científico-jurídicas para valorar la prueba científica", cit.

y que al propio tiempo aseguren el uso de criterios uniformes en este punto.

Y una última observación al respecto. La estadística juega un papel crucial en la interpretación de los datos resultantes de las pruebas científicas. De hecho, los datos plasmados en las conclusiones del informe pericial que después han de ser valorados por los jueces son, en la mayoría de los casos, datos estadísticos. Ahora bien, está comprobado el peso desproporcionado (*overweighting thesis*) que el público en general y los jueces en particular atribuyen a la estadística[101]. Precisamente por eso no parece descabellado plantear la necesidad de que los jueces reciban alguna formación en este sentido. Obviamente no se trata de convertir a los jueces en matemáticos, o en *amateur scientists*, sino de proporcionarles los conocimientos necesarios para conjurar el riesgo de malinterpretación o de sobrevaloración de los datos estadísticos en los que se expresa el resultado de una prueba científica.

De todos modos, y aunque no cabe dudar de los beneficios que reportaría un adiestramiento como el comentado, ello no anularía el importante papel auxiliar de los peritos en la tarea de interpretación de los datos del informe. Muy simplemente, no siempre

---

[101] Por ceñirme sólo a Europa, son conocidos, entre otros, el caso de Sally Clark, en Inglaterra, o el de Lucia de Berk, en los Países Bajos, absuelta en abril de 2010. Ambos, y algunos más, son citados como ejemplo de lo dicho por Ch. CHAMPOD y J. VUILLE, *Scientific Evidence in Europe*, cit, p. 10.

resultará fácil para el Juez, como para cualquiera que no sea un experto, aislar en dicho informe *qué cosa* dicen exactamente los datos y *qué valor* hay que atribuir a eso que dicen los datos. Por más claro y riguroso que sea el informe, puede ser inevitablemente complejo y objeto de malinterpretaciones. Por eso es necesario que, como regla general, se requiera la presencia del experto en el acto de juicio para ayudar a interpretar los datos del informe. Esta presencia representa, en este sentido, una *garantía epistemológica*.

c. Sobre la valoración de la prueba

La valoración de la prueba es el núcleo de la decisión probatoria y consiste en determinar lo que hay que creer sobre la hipótesis en consideración. Valorar la prueba científica, por consiguiente, consiste en evaluar el apoyo que esta prueba presta a esa hipótesis. Son dos las cuestiones relevantes que se plantean aquí: *quién* debe valorar y *cómo* llevar a cabo la valoración.

La respuesta a la primera cuestión (*quién debe valorar*) puede parecer evidente, porque así es. Si es el juez quien tiene la tarea de proveer una solución normativa al conflicto, entonces es también a él a quien corresponde la tarea previa de determinar autorizadamente cuáles son los hechos que dieron origen al mismo. Sin embargo no es ocioso insistir en ello, pues, precisamente en consonancia con el paradigma de la identificación, muchos tribunales actúan "como si" fuese el perito, y no el juez, quien ha de valorar la prueba. Y es que, en efecto, al expresar las conclusiones de la prueba conforme al paradigma de la identificación (es decir, al declarar en términos de, por ejemplo, "a la vista de los datos la hipótesis es probable en un grado x", o "los datos resultantes de los test hacen la hipótesis probable en un grado x o, aún más directamente, "el vestigio v procede de la fuente f"), es el experto (y no el juez) quien habrá establecido lo que hay que creer sobre la hipótesis. En virtud del paradigma de la verosimilitud, sin embargo, es el juez quien debe valorar , o sea quien ha de determinar, a partir de la prueba practicada, lo que ha de creerse sobre la hipótesis que se pretende probar.

Y una última consideración relacionada con este aspecto. Suele decirse muchas veces que, en virtud del principio de libre convicción, "el juez es *peritus peritorum*", expresión con la que se pretende destacar que es él quien tiene la última palabra sobre el valor que debe atribuirse a los datos expresados en el informe pericial y que, por consiguiente, *no está estrictamente vinculado* a dicho informe. Pero esto resulta paradójico, pues el juez no es un experto y por lo tanto carece de los conocimientos necesarios para formarse una opinión propia sobre la prueba realizada. La cuestión, sin embargo, está mal planteada, pues en realidad carece de sentido afirmar que "el juez es *peritus peritorum*". Conforme al paradigma de la verosimilitud lo que el juez debe hacer no es, o bien *vincularse* al informe pericial (infringiendo entonces el principio de libre convicción) o bien, por el contrario, *apartarse* del mismo en su condición de *peritus peritorum* (asumiendo entonces que posee conocimientos especializados que muy probablemente no posee). Lo que el juez debe hacer es otra cosa: determinar lo que hay que creer sobre la hipótesis en consideración, a la luz del informe pericial y del resto de las pruebas e informaciones que obran en la causa. El juez valora la prueba, no es perito de peritos.

La segunda y central cuestión es la de *cómo realizar la valoración* (o sea, cómo determinar lo que hay que creer sobre la hipótesis a probar) cuando se ha aportado prueba científica.

Cabe distinguir dos supuestos. Cuando únicamente existe prueba científica en apoyo de la hipótesis, lo que hay que creer sobre la misma viene enteramente determinado por (o es coincidente con) el valor probatorio que se le ha atribuido. Cuando, por el contrario, además de la prueba científica existe también prueba no científica, que es la situación más frecuente, determinar lo que hay que creer sobre la hipótesis a probar requiere ponderar el valor probatorio de los datos estadísticos aportados en el informe pericial con el valor probatorio atribuido al resto de las pruebas. Naturalmente el juez realiza normalmente esta valoración sin auxilio alguno de las matemáticas; "subjetivamente", por así decirlo. Sin embargo, dado que el valor probatorio de la prueba científica puede ser expresado en términos estadísticos, se han propuesto también instrumentos matemáticos para llevar a cabo la valoración.

La fórmula que permite poner en relación el valor estadístico de una prueba científica con el valor atribuido anteriormente por las otras pruebas al enunciado fáctico que se pretende probar es el Teorema de Bayes[102], que –como sabemos– permite combinar información estadística sobre un cierto suceso (la procedente del informe pericial y expresada mediante una *likelihoot ratio*) con información no estadística (aquella de la que disponía el juez antes de conocer los datos aportados por la prueba científica: la *prior probability*), y el resultado de esa combinación es la *posterior probability*, que expresa el resultado de la valoración.

Sin embargo las ventajas de utilizar la fórmula bayesiana para mejorar la precisión y controlabilidad de la valoración judicial se ven atenuadas por los problemas que presenta su uso en el proceso. De hecho –como también sabemos– el bayesianismo, como modelo de valoración, ha sido objeto de numerosas críticas[103]. No cabe duda de que esas críticas son serias y deben ser tomadas en consideración. Pero en cualquier caso los problemas del bayesianismo como modelo general

---

[102] Pero el Teorema de Bayes no es el único instrumento matemático que ha sido propuesto como instrumento de valoración. Las *redes bayesianas* también constituyen una poderosa herramienta al servicio de las inferencias probabilísticas en ciencia forense cuando concurren múltiples pruebas, científicas o no. Lo más relevante de una red es que no es un instrumento para calcular las probabilidades exactas de las hipótesis planteadas por las partes, sino que tan sólo ayuda al juez a valorar esas probabilidades de una de forma razonable. Vid. F. TARONI, C. AITKEN, P. GARBOLINO, A. BIEDERMANN, *Bayesian Networks and Probabilistic Inference in Forensic Science*, Wiley, 2006.

[103] A muchas de esas críticas ya nos referimos más arriba, en el epígrafe 3.2, al analizar los modelos matemáticos de valoración.

de valoración de la prueba no entorpecen su utilidad como instrumento para cuantificar el valor probatorio de un tipo de prueba (la científica) que se expresa básicamente mediante datos estadísticos: el teorema es útil para determinar con claridad (mediante la *likelihood ratio*) en qué medida el resultado de una prueba científica contribuye (incrementando o disminuyendo la *prior probability*) a formar la convicción judicial sobre la hipótesis a probar.

III. INSTITUCIONALIZACIÓN DE LA PRUEBA

1. ¿LIBERTAD DE PRUEBA? INSTITUCIONALIZACIÓN Y LÍMITES A LA AVERIGUACIÓN DE LA VERDAD

La concepción cognoscitivista de la prueba, que es la que he adoptado aquí, entiende que el objetivo primario de la actividad probatoria es averiguar la verdad sobre los hechos litigiosos. La prueba, muy simplemente, se concibe como una actividad cognoscitiva, lo que en línea de principio la vincula a la regla de *libertad de prueba*, o sea a la búsqueda de información libre y sin restricciones como mejor modo de asegurar la averiguación de la verdad.

Que la prueba se conciba como una actividad cognoscitiva implica, en efecto, que se ha de servir de los mismos esquemas y reglas racionales que valen para cualquier otro campo de la experiencia que tenga también como objetivo averiguar la verdad. Esta es la razón por la que comúnmente se resalta la analogía entre la actividad del "juez de los hechos" y la del detective y el historiador: los tres –se dice– se enfrentan al mismo problema, averiguar la verdad sobre hechos que muchas veces ya no se pueden observar ni reproducir, y en la tarea de averiguarlos se habrán de conducir por las mismas reglas[104]. Cuáles sean estas reglas ya no es, por tanto, una cuestión interna al derecho, sino que se sitúa más allá del mismo, en la esfera de la racionalidad empírica. Por eso –y siempre desde esta racionalidad común a otros sectores de la experiencia– la actividad probatoria habría de regirse por principios como el de la "apertura" del catálogo de medios de prueba, el carácter ilimitado del *tempus* en que han de ser probados los hechos, la posibilidad de revisar ilimitadamente las tesis fácticas si surgieran nuevas pruebas o informaciones, y en particular por el denominado "principio de inclusión", en virtud del cual todo lo que tiene utilidad probatoria debe ser admitido como prueba.

Las afirmaciones anteriores, sin embargo, deben ser matizadas, pues si es cierto que el conocimiento de los hechos que se desarrolla en sede judicial tiene mucho que ver con el del historiador o el del detective, no es exactamente igual. Frente a estos y otros tipos de conocimiento empírico que –con los necesarios matices– pueden ser calificados como "libres" de

---

[104] El parangón, en cualquier caso, es excesivamente simplificador, pues sólo desde una visión simplista de las cosas puede decirse que la tarea del historiador se resume en reproducir hechos del pasado individuales e irrepetibles. Con frecuencia, la tarea historiográfica se centra, más que en la reconstrucción de hechos individuales, en su comprensión y explicación. Y además, aun cuando se oriente a reconstruir hechos del pasado, muchas veces lo hace con el objetivo mucho más amplio de resaltar tendencias o "leyes" que den cuenta de las grandes transformaciones y cambios económicos, políticos y sociales.

trabas institucionales, la prueba judicial se caracteriza justamente por su carácter *institucionalizado o jurídico*, lo cual se traduce no sólo en que se enmarca en (y sirve para) el contexto jurídico, singularmente el proceso, sino también (y sobre todo) en que está regulada jurídicamente. Dicho con más precisión, que la prueba judicial es institucionalizada significa que ha de desarrollarse a través de estrictos cauces procesales que sustituyen los criterios de libre adquisición del conocimiento por otros autorizados jurídicamente[105].

---

[105] Junto al carácter irreductiblemente probabilístico de la verdad fáctica y a la subjetividad específica del juez, L. Ferrajoli resalta un tercer límite de la verdad procesal, una tercera razón que hace de la verdad procesal una verdad inevitablemente aproximativa: el método de investigación y formación de la misma, *Derecho y razón*, cit., pp. 59 ss. Creo que éste es también el sentido de las palabras de F. Carnelutti, *La prueba civil*, trad. de N. Alcalá Zamora y Castillo, Buenos Aires, Depalma, 1979, cuando distingue entre la *verdad verdadera* –la material, objetiva, real– y la *verdad convencional* o formal, entendiendo por esta última la que se busca "mediante leyes jurídicas y no sólo mediante leyes lógicas, y únicamente en virtud de estas leyes jurídicas reemplaza a la verdad material" (pp. 21-22). Por su parte, M. Atienza, impugnando la distinción que parece apuntada por P. Andrés Ibáñez entre el razonamiento del juez y el del detective en base al carácter inductivo del primero y abductivo del segundo, señala que "la diferencia que habría que trazar entre ambos tipos de argumentación es que la del juez está inmersa en un determinado contexto institucional que le fija un tipo de límites de los que carece el investigador", "Sobre la argumentación en materia de hechos. Comentario crítico a las tesis de Perfecto Andrés Ibáñez", *Jueces para la democracia*, 22 (1994), p. 85. Y señalan también la existencia de

Estos cauces procesales son, por así decirlo, *los ojos con los que el juez mira al mundo*.

Las reglas jurídicas que gobiernan el fenómeno probatorio son de muy diversos tipos. Hay reglas que excluyen o restringen la admisión de ciertas pruebas en el proceso, impidiendo a las partes utilizar toda la información relevante de que dispongan. Y reglas que regulan el modo de formación y control de las pruebas, excluyendo o restringiendo así la posibilidad de usar como prueba las informaciones recabadas a través de procedimientos distintos. Y reglas de prueba legal, aún existentes en distintos grados en los sistemas de *civil law*, que regulan el valor que ha de darse a una prueba en la decisión, excluyendo o limitando así la valoración discrecional del juez. Y reglas que simplemente obligan a que la actividad probatoria se desenvuelva en un lapso temporal determinado. La tipología de reglas sobre la prueba es mucho más amplia pero este escueto catálogo muestra ya un rasgo distintivo de las mismas, y es el hecho de que, pese a su diversidad, todas ellas desempeñan una función eminentemente restrictiva: limitan o restrin-

---

reglas institucionales, como características distintivas de la prueba judicial frente a la científica, E. BULYGIN, "Cognition and Interpretation of Law", en L. GIANFORMAGGIO y S. PAULSON (coords.), *Cognition and interpretation of law*, Torino, Giappichelli, 1995, p. 21; y J. FERRER, que divide estas reglas en tres clases: las que inciden sobre la actividad probatoria, las que inciden sobre los medios de prueba, y las reglas sobre el resultado probatorio, *La valoración racional de la prueba*, cit., p. 35.

gen el ámbito de las reglas que rigen en contextos de investigación no jurídicos, por ejemplo el científico, aún cuando estas restricciones no siempre aparezcan expresamente formuladas. La particularidad de la prueba judicial reside, pues, en que, en virtud de las normas jurídicas que la regulan, hay informaciones o datos que serían pruebas en otros contextos de investigación pero que no lo son en el proceso.

De todos modos, en el plano de la regulación jurídica de la prueba cabe distinguir al menos dos orientaciones o concepciones[106]: una "cerrada" y otra "abierta". La primera, prevalente en los sistemas de *civil law* aunque no exclusiva de ellos, presenta una marcada tendencia a regular todo el fenómeno de las pruebas y a excluir del mismo aquellos aspectos que se sitúen fuera (o más allá) de la regulación. El sentido de la regulación es aquí, principalmente, determinar o *incluir* lo que puede ser considerado como prueba, y paralelamente excluir lo que no puede. La prueba se concibe como un fenómeno independiente y al margen de cualquier otro sector de la experiencia. Esta concepción, de tono marcadamente formalista, es por consiguiente refractaria (o se "cierra") al uso de los modelos epistemológicos y reglas racionales provenientes de otros ámbitos del conocimiento. La segunda concepción (la "abierta"), prevalente en los sistemas de *common law* aunque no exclusiva de ellos, presenta por el contrario una marcada tenden-

---

[106] Sigo aquí a M.TARUFFO, *La prueba de los hechos*, cit., pp. 341 ss.

cia a reducir al máximo la regulación jurídica de las pruebas. La regla general es aquí la *libertad de prueba*, y por eso el sentido de la regulación es tan sólo el establecimiento de reglas de *exclusión* cuando existan razones para ello. La prueba se nutre de (o se "abre" a) los modelos epistemológicos y reglas racionales de otros sectores de la experiencia[107].

Las dos concepciones mencionadas no sólo representan modelos extremos sino además irrealizables, de modo que los concretos sistemas jurídicos se mueven entre ambas orientaciones, a las que se adscriben en mayor o menor medida. Y es que si parece imposible pensar en un sistema jurídico donde todos los aspectos del fenómeno probatorio estén completamente regulados por el derecho, tampoco parece fácil pensar en un sistema jurídico que encarne de manera absoluta el principio de *libertad de prueba*, un sistema en suma donde la prueba esté completamente desregulada, entregada por entero a las reglas epistemológicas o a los patrones de la racionalidad empírica. En el contexto jurídico en el que la prueba se desenvuelve, alguna regulación, aunque sea mínima, parece necesaria. Ello es así porque existen valores e intereses a los que el derecho debe brindar protección, y el sentido de la regulación de la prueba es justamente preservarlos,

---

[107] El referente fundamental de esta concepción hay que buscarlo en J. Bentham. Vid. sobre el particular W. Twining, *Theories of Evidence: Bentham and Wigmore*, London, Weidenfeld and Nicolson, 1985.

aún a costa, si fuera preciso, de menguar o incluso anular las posibilidades de averiguación de la verdad en el proceso.

En efecto, aunque algunas de las reglas jurídicas que gobiernan la prueba tienen como objetivo propiciar la averiguación de la verdad, y en este sentido pueden denominarse *garantías epistemológicas*[108], muchas otras (la mayoría) se enderezan directamente a salvaguardar otros valores, lo que eventualmente puede mermar la consecución de aquel objetivo. Estos valores pueden ser de dos tipos. De un lado, un valor que podríamos llamar *práctico*, porque expresa un rasgo básico del proceso judicial: su finalidad práctica y no teorética. De otro, una serie de valores que podríamos llamar *ideológicos*, porque no son consustanciales a la idea de acción judicial como actividad encaminada a poner fin a un conflicto, sino que forman más bien parte de una cierta ideología jurídica[109].

Que el proceso tiene una *finalidad práctica* significa que tiene como objetivo primario la resolución de un conflicto: el conocimiento del pasado no es el objeto

---

[108] Constituyen ejemplos de las mismas algunas limitaciones probatorias que, fundadas en el interés cognoscitivo del proceso, rechazan o minusvaloran pruebas con bajo valor gnoseológico: por ejemplo, el escrito anónimo o el testimonio de referencia; aunque el caso más claro tal vez sea la prohibición de la tortura, pues, aunque se enderece directamente a garantizar la vida y dignidad humanas, qué duda cabe que contribuye también a evitar la posible obtención de una verdad "torcida".

[109] He argumentado sobre este rasgo en M. GASCÓN, *Los hechos en el derecho. Bases argumentales de la prueba*, cit., Capítulo III.

inmediato de la indagación del juez, sino tan sólo un paso previo a la decisión que debe adoptar. Por eso, para resolver el conflicto, el juez está obligado inexcusablemente a llegar a una certeza oficial, y de ahí deriva una exigencia: la búsqueda de la verdad sobre esos hechos no puede alargarse indefinidamente; tienen que existir expedientes institucionales que permitan fijar la verdad cuando ésta no resulte fácilmente descubrible; y tiene que llegar un momento en que la verdad procesalmente declarada se acepte como verdad última. Claro está que esta verdad última no será infalible, pero será *final*, en el sentido de que pondrá fin al conflicto autorizadamente[110]. Las reglas de limitación temporal y algunas presunciones (la de "cosa juzgada" y las que se enderezan a proveer una respuesta judicial en caso de incertidumbre) son ejemplos de estas reglas, que desde luego no contribuyen a (o directamente merman la posibilidad de) que la verdad entre en el proceso[111].

---

[110] La posibilidad de que la declaración de hechos en que se basa la sentencia sea errónea es "el precio que el derecho está dispuesto a pagar en aras de la seguridad y de la paz social, esto es, por poder resolver los conflictos sociales dentro de los límites temporales", C. Alchourron y E. Bulygin, "Los límites de la lógica y el razonamiento jurídico", cit., p. 313.

[111] Esto parece claro en las reglas de *limitación temporal*, cuya razón de ser reside en la necesidad de resolver el conflicto en un plazo no irrazonable de tiempo. Pero es evidente que, al limitar el tiempo en que debe ser pronunciada una decisión, estas reglas en nada contribuyen a alcanzar la certeza sobre los hechos que han dado origen al conflicto, sobre todo en los casos en que

Por otro lado, los ordenamientos jurídicos tienen que preservar también determinados valores *ideológicos*. Se trata más exactamente de valores extraprocesales que se consideran relevantes (el interés público, la privacidad de ciertas relaciones, la dignidad humana, los derechos y libertades fundamentales) y justamente para preservarlos se instituyen en el proceso algunas reglas. La mayoría de ellas son limitaciones o prohibiciones probatorias, es decir reglas que impiden o limitan el uso de ciertas fuentes y/o medios de prueba y/o suprimen o limitan la eficacia de la información aportada por ellas. Reglas por tanto que, enderezándose primariamente a la tutela de los comentados valores, los hacen prevalecer frente a las exigencias procesales de averiguación de la verdad[112].

---

las diferentes tesis fácticas enfrentadas aparecen igualmente plausibles.

Y otro tanto cabe decir de las *presunciones legales*. Las presunciones *iuris tantum* son *normas* que, para garantizar una decisión probatoria, instauran una "regla de juicio o de decisión" que indica al juez cuál debe ser el contenido de su sentencia cuando no tenga pruebas suficientes para formar su convicción sobre los hechos litigiosos, lo que significa que la conclusión de la presunción no puede ser tratada como una descripción de la realidad. Las presunciones *iuris et de iure*, por su parte, son también *normas* que, en presencia de determinadas circunstancias, establecen el particular efecto jurídico de dar por verdaderos ciertos hechos y no transigen con ninguna excepción no prevista. Por eso en este tipo de presunciones, con mayor razón que en las *iuris tantum*, pueden adquirir valor de verdad aserciones que son empíricamente falsas.

[112] Existen casos –escribe J. Rawls– en los que admitimos como

Constituyen ejemplos de estas reglas la prohibición, bajo "secreto de Estado", de usar como pruebas ciertos documentos que podrían afectar a la seguridad del Estado; o las reglas que excluyen o dispensan del deber de declarar por razones de parentesco; o para proteger el secreto de las relaciones abogado/cliente, o el de los ministros del culto, o el de los funcionarios públicos; o la regla que establece la prohibición de admitir y valorar la prueba ilícitamente obtenida.

La vinculación de las reglas sobre la prueba a la protección de valores jurídicos merece dos observaciones.

La primera es que la garantía de valores jurídicos importantes no es sólo el sentido de las reglas jurídicas sobre la prueba, sino que constituye también su *razón justificatoria*. Es obvio, en efecto, que las normas jurídicas que regulan la prueba, al limitar o restringir la esfera de las reglas de racionalidad empírica, pueden menguar o incluso anular las posibilidades de averiguación de la verdad, y en esta medida sólo estarán justificadas cuando vengan exigidas por la necesidad de preservar o garantizar valores o intereses que, en el contexto jurídico, se consideran dignos de protección. Por el contrario, si las reglas sobre la prueba no sirven a ningún valor, o si el valor al que sirven

---

deber el no decidir atendiendo a la verdad, aun cuando fuera fácilmente accesible, precisamente para respetar un derecho, o para promover bienes o valores elevados, o para ambas cosas a la vez. (*El liberalismo político*, trad. de A.Domènech, Barcelona Crítica, 1996, pp. 253-254).

no tiene entidad suficiente, entonces, en la medida
en que sí interfieren en el esquema de racionalidad
empírica propio de la *libertad de prueba*, su justificación
será débil o nula. La segunda observación –vinculada
a la anterior– es que si una norma sobre la prueba
está justificada (porque la restricción que introduce
en el sistema de prueba libre es necesaria para proteger algún valor importante en el contexto jurídico),
entonces cualquier debilitamiento en la realización
de la regla es, desde el punto de vista jurídico (no,
desde luego, desde la perspectiva de la racionalidad
empírica), censurable.

Que las normas restrictivas que regulan la prueba
se orienten a (y se justifiquen en) la preservación de
valores jurídicos que se consideran importantes pone
de relieve que la regulación del fenómeno probatorio
está muy vinculada a la cultura jurídica del sistema
de que se trate, y por consiguiente pone de relieve
su contingencia y relatividad. Es obvio, pues, que la
intensidad y el alcance de la regulación puede variar
de sistema en sistema. Sin embargo, precisamente por
ese fundamento o vínculo axiológico de las reglas
sobre la prueba, cabe observar que los ordenamientos que se inspiran en una misma cultura jurídica,
y que por consiguiente auspician y promueven los
mismos valores, tienden a reproducir limitaciones y
restricciones probatorias semejantes. Esto es lo que
sucede particularmente con la regla de exclusión
de la prueba ilícita, un importante mecanismo de
salvaguarda de los derechos fundamentales que está
presente en todos los sistemas jurídicos que se insertan

en el constitucionalismo liberal. Vale la pena comentar su fundamento, alcance y excepciones, porque en los últimos años, y a raíz de lo que algunos han denominado proceso de "norteamericanización" de esta regla de exclusión[113], consistente en la progresiva articulación de excepciones a la misma, se aprecia en este ámbito un repliegue (acaso jurídicamente injustificado) hacia el sistema de la *libertad de prueba*. Pero con ello se debilita de manera espectacular la garantía de los derechos que la regla de exclusión incorpora.

2. Una regla institucional paradigmática: la regla de exclusión de prueba ilícita

2.1. *Definición de la regla de exclusión*

Es prueba ilícita la que se obtiene con vulneración de garantías constitucionales (como la inviolabilidad del domicilio o el secreto de las comunicaciones: por ejemplo, el acta de entrada y registro practicada sin consentimiento del titular o resolución judicial, o la trascripción de unas escuchas telefónicas practicadas de la misma manera); o lesionando derechos constitucionales (como el derecho a la defensa: así, la declaración del imputado sin haber sido informado de sus derechos); o a través de medios que

---

[113] M. Miranda Estampres, "La regla de exclusión de la prueba ilícita: historia de su nacimiento y de su progresiva limitación", en *Jueces para la democracia*, 47, 2003, p. 54.

la Constitución prohíbe (por ejemplo, la confesión arrancada mediante tortura, que vulnera el derecho a la integridad física, o una coacción para obtener declaraciones sobre "ideología, religión o creencias", proscrita por el derecho a la libertad ideológica y de conciencia). En definitiva, y por simplificar, *es ilícita la prueba obtenida en violación de derechos fundamentales. Estamos hablando, por lo tanto, de un tipo de prueba inconstitucional*[114], y los derechos constitucionales que más veces suelen provocar ilicitud probatoria son el derecho a la integridad física y moral (y la consiguiente prohibición de tortura y tratos inhumanos y degradantes), el derecho del detenido a ser informado de sus derechos, a no declarar y a la asistencia letrada, la inviolabilidad del domicilio y el secreto de las comunicaciones. Por lo demás, aunque la ilicitud probatoria tiene lugar normalmente en la fase preliminar o de investigación, puede producirse también en el juicio oral. Así sucede, por ejemplo, cuando el testigo no es advertido de que tiene derecho a no declarar por razones de parentesco[115].

---

[114] De hecho, *prove incostituzionali* es el término acuñado por la Corte Costituzionale italiana desde la sentencia 34/1973 para referirse a este tipo de pruebas. La denominación, de todos modos, no es uniforme, y no es infrecuente que se haga referencia a la prueba ilícita con las expresiones *prueba ilegal, prueba ilegítimamente obtenida, prueba constitucionalmente ilícita, prueba prohibida* y otras similares.

[115] Cfr. J. A. Díaz Cabiale y R. Martín Morales, "La teoría de la conexión de antijuridicidad", en *Jueces para la Democracia*, 43 (2002), p. 42.

La exclusión de la prueba ilícita supone la imposibilidad de admitirla y valorarla; o sea su inutilizabilidad en el proceso, o si se quiere, su nulidad. Pero la prueba ilícita es sólo un *supuesto particular de prueba nula*, porque nula puede ser también la prueba obtenida vulnerando otras reglas legales de formación y adquisición de la prueba. Precisamente por eso conviene trazar una distinción entre prueba ilícita y prueba irregular, entendiendo por esta última "la obtenida, propuesta o practicada con infracción de la normativa procesal que regula el procedimiento probatorio pero sin afectación nuclear de derechos fundamentales"[116]. La distinción tiene trascendencia, pues a ella se anudan importantes consecuencias en relación con los efectos que ambos tipos de prueba producen. En concreto, como enseguida se dirá, la regla de exclusión y su efecto reflejo "se debe predicar con exclusividad de la denominada prueba ilícita, mientras que la prueba irregular quedaría sometida al régimen de nulidad de los actos procesales, admitiéndose, en determinados casos, su subsanación y/o convalidación"[117]. Lo que es evidente, en todo caso, es que la regla de exclusión merma las posibilidades de averiguación de la verdad en el proceso. De hecho, la exclusión de prueba ilícita es reflejo de una ideología

---

[116] M. Miranda Estampres, "La prueba ilícita: la regla de exclusión probatoria y sus excepciones", *Revista Catalana de Seguretat Pública*, mayo 2010, p. 133.

[117] Ibídem.

jurídica comprometida con los derechos fundamentales y en virtud de la cual –como suele decirse– "la verdad no puede ser obtenida a cualquier precio", en particular al precio de vulnerar derechos.

2.2. *Alcance de la regla de exclusión: efecto reflejo o prueba ilícita indirecta*

Es evidente que la garantía constitucional comentada supone la exclusión de las pruebas *directamente* obtenidas a partir del acto que lesiona derechos fundamentales: excluye, por ejemplo, la declaración de los policías que practican un registro que vulnera la inviolabilidad del domicilio, o la trascripción de unas conversaciones telefónicas interceptadas lesionando el derecho al secreto de las comunicaciones. Pero tiene además un *efecto reflejo*: también son ilícitas las pruebas indirectamente obtenidas a partir de la lesión de un derecho fundamental. Se trata, más exactamente, de las pruebas (lícitamente) practicadas a partir de las informaciones obtenidas mediante una prueba ilícita, lo que se denomina *prueba ilícita indirecta o derivada*. Constituyen ejemplos de estas pruebas la transcripción de unas conversaciones telefónicas interceptadas (cumpliendo con todos los requisitos) a raíz de la información obtenida en un registro que lesiona la inviolabilidad del domicilio; o la declaración del policía que aprehendió un alijo de droga cuya existencia conoció a raíz de la lesión del secreto de las comunicaciones; o la prueba lícitamente practicada a raíz de la información obtenida mediante tortura de un detenido.

En realidad, este efecto reflejo o efecto dominó[118] de la prueba ilícita (o lo que es lo mismo, el reconocimiento de la prueba ilícita indirecta o derivada) no es sino una manifestación de lo que la doctrina norteamericana ha llamado la teoría de los *frutos del árbol envenenado* (*the fruit of the poisonous tree doctrine*), que describe a la perfección que si la prueba originaria (el árbol) es ilícita, tal ilicitud contaminará también a la que, directa o indirectamente, es consecuencia de la misma (los frutos)[119]. Por eso, si a través de unas escuchas telefónicas que interceptaron una conversación sin que existiera autorización judicial para ello se obtiene información que estimula una diligencia de entrada y registro domiciliario en la que se encuentran ciertas pruebas, esas pruebas, según esta posición, también deben considerarse nulas, pues traen causa de una prueba nula. Naturalmente el reconocimiento del efecto reflejo de la prueba ilícita no es algo baladí. Si se negara este efecto, la garantía de los derechos constitucionales quedaría muy

---

[118] *Efecto dominó* es el término empleado en algunas ocasiones por la Sala Segunda del Tribunal Supremo español. Por ejemplo, en sentencia de esta Sala del 6 de octubre de 1999.

[119] La expresión fue acuñada en 1939 por el Juez Frankfurter al resolver el caso *Nardone v. United States*, 308 US 338 (1939), aunque la primera apreciación de este efecto indirecto de la ilicitud se remonta al caso *Silverthorne Lumber Co. v. United States*, 251 US 385 (1920).

debilitada, pues al aceptar en el proceso la prueba indirectamente obtenida se estaría dando cobertura (e incluso incitando) a la lesión de los derechos. El reconocimiento del efecto reflejo no obedece, pues, a ninguna concesión "supergarantista"[120], sino que es tan sólo una consecuencia más de la especial posición que los derechos fundamentales ocupan en el ordenamiento y de la consiguiente necesidad de garantizar contundentemente su eficacia[121].

---

[120] Como "generosidad garantista" califica, en cambio, el reconocimiento del efecto reflejo M. I. Velayos, "Los límites a la investigación penal: teoría general de la limitabilidad de los derechos fundamentales en el proceso penal. La prueba prohibida", Iustel.com.

[121] En la doctrina española sostienen esta tesis, entre otros, J. M. Asencio Mellado, *Prueba prohibida y prueba preconstituida*, Madrid, Trivium, 1989, N. González Cuéllar, *Proporcionalidad y derechos fundamentales*, Madrid, 1990 y J. A. Díaz Cabiale y R. Martín Morales, *La garantía constitucional de la inadmisión de la prueba ilícitamente obtenida*, Madrid, Civitas, 2001.
La eficacia refleja de la prueba ilícita ha sido reconocida expresamente por las jurisprudencias del Tribunal Supremo y del Tribunal Constitucional, así como por la mayoría de la doctrina. Y ello porque –como afirma el Tribunal Supremo– "sólo de este modo se asegura que la prueba ilícita inicial no surta efecto alguno en el proceso. Prohibir el uso directo de estos medios probatorios y tolerar su aprovechamiento indirecto constituiría [...] una incitación a la utilización de procedimientos inconstitucionales que, indirectamente, surtirían efecto. Los frutos del árbol envenenado deben estar, y están, jurídicamente contaminados" (sts, Sala segunda, de 4 julio 1997, FJ 2). Además, la extensión de la regla de exclusión a las pruebas indirectas queda también clara en su plasmación legal, el artículo 11.1 de la Ley Orgánica del Poder Judicial: "no surtirán efecto las

Por último conviene llamar la atención sobre el hecho de que, aunque quizás sea en el proceso penal donde más importancia adquiere la garantía de los derechos, la regla de exclusión de la prueba ilícita no se circunscribe (o no tiene por qué) a ese concreto proceso, sino que alcanza a todos: abarca pues el proceso penal, pero también el civil, el laboral y el contencioso-administrativo. Y ello porque si el sentido de la regla es garantizar los derechos (por encima incluso de la averiguación de la verdad), esa necesidad de garantía se impone en todo caso, con independencia del tipo de proceso al que se pretendan incorporar (o se incorporen) las pruebas ilícitamente obtenidas[122]. En suma, la regla de exclusión de la prueba ilícita constituye una auténtica garantía de los derechos fundamentales que alcanza a todos los procesos, y mediante la cual no sólo se excluyen las pruebas que derivan directamente de la lesión de un derecho sino también aquellas otras que derivan indirectamente de la misma.

---

pruebas obtenidas, directa o indirectamente, violentando los derechos o libertades fundamentales".

[122] El derecho español refleja también este extenso alcance de la regla de exclusión, que tras su reconocimiento legal en la *Ley Orgánica del Poder Judicial*, en 1985, se ha ido incorporando sucesivamente a la *Ley de Enjuiciamiento Criminal* (art. 790.2), a la *Ley de Procedimiento Laboral* (art. 90.1) y a la *Ley de Enjuiciamiento Civil* (arts. 283.3, 287 y 433.1). De hecho, la inicial "construcción" jurisprudencial de la regla en la stc 114/1984 tuvo lugar en el marco de un proceso laboral por despido.

2.3. Fundamento jurídico de la regla de exclusión

La prohibición de admisión de prueba ilícita no requiere regulación legislativa expresa, sino que deriva directamente de la Constitución por la posición preferente de los derechos fundamentales en el ordenamiento y su condición de inviolables[123]. Pero existen al menos dos modos de articular este fundamento constitucional de la regla que pueden acarrear consecuencias distintas para su fortaleza.

a. El derecho a un proceso con todas las garantías

Puede sostenerse, por un lado, que la regla de exclusión de la prueba ilícita está directamente alojada en el derecho constitucional al proceso debido (el *due process of law*). Lo que se sostiene, con más precisión, es que dicha regla es la expresión de una garantía implícita en el sistema de los derechos fundamentales, pues la posición preferente que ocupan en el ordenamiento exige rechazar toda prueba obtenida con lesión de los mismos, y que esa garantía se plasma

---

[123] Que esta regla de exclusión deriva de la Constitución porque el objeto de ésta es la protección del pueblo contra actuaciones arbitrarias, como las que tienen lugar cuando la policía viola derechos, es la argumentación que se daba en *Weeks v. United States*, [232 US 383 (1914)], que pasa por ser el pronunciamiento del Tribunal Supremo de Estados Unidos que da origen a la regla de exclusión.

en el derecho al debido proceso. O en otros términos, la regla de exclusión es la plasmación del modelo constitucional de proceso garantizado por el derecho al debido proceso: no puede entenderse garantizado el debido proceso si se admite la prueba lograda a través del menoscabo de derechos e intereses a los que la Constitución otorga un valor preferente, pues ello implicaría la ignorancia de las garantías propias del proceso[124].

La idea de que la admisión de prueba ilícita implica contradicción con el derecho a un proceso justo ha sido afirmada por el TEDH[125]. Y más o menos esta es también la tesis sostenida "en principio"[126] en el derecho español, donde el Tribunal Constitucional ha establecido que la regla de exclusión comentada no se halla explícitamente proclamada por ningún precepto constitucional, ni tiene lugar en virtud del derecho originariamente afectado, sino que expresa una *garantía objetiva e implícita en el sistema de los derechos fundamentales* cuya posición preferente e inviolabilidad exige que los actos que los vulneren

---

[124] Vid. J. A. Díaz Cabiale y R. Martín Morales, *La garantía constitucional de la inadmisión de la prueba ilícitamente obtenida*, cit., pp. 27 ss.

[125] Caso *Schenk contra Suiza*, sentencia de 12 de julio de 1988, fundamento de derecho 1, A).

[126] "En principio" porque, como después se dirá, en los últimos años se ha venido produciendo un debilitamiento de la regla que corre paralelo a su progresiva reubicación en los derechos fundamentales originariamente lesionados.

carezcan de eficacia probatoria en el proceso; y más concretamente, que la admisión de la prueba ilícita supondría una infracción del derecho a un proceso con todas las garantías y a la igualdad entre las partes en el juicio. Así lo señalaba ya la STC 114/1984, de 29 de noviembre, que reconocía por primera vez esta regla de exclusión en nuestro ordenamiento, pero ese fundamento ha sido reiterado en otros pronunciamientos posteriores[127]. En suma, la regla de exclusión se configura en el derecho español como una *garantía*

---

[127] "Aun careciendo de regla legal expresa que establezca la interdicción procesal de la prueba ilícitamente adquirida, hay que reconocer que deriva de la posición preferente de los derechos fundamentales en el ordenamiento y de su afirmada condición de 'inviolables' (art. 10.1 CE) la imposibilidad de admitir en el proceso una prueba obtenida violentando un derecho fundamental o una libertad fundamental" (STC 114/1984, FJ 4).
"La recepción procesal [de las pruebas obtenidas con violación de derechos fundamentales] implica la ignorancia de las 'garantías' propias al proceso (art. 24.2 de la Constitución) implicando también una inaceptable confirmación institucional de la desigualdad entre las partes en el juicio, desigualdad que se ha procurado antijurídicamente en su provecho quien ha recabado instrumentos probatorios en desprecio de los derechos fundamentales de otro" (STC 114/1984, FJ 5).
"De las garantías procesales establecidas en el artículo 24 CE resulta una prohibición absoluta de valoración de las pruebas obtenidas mediando lesión de un derecho fundamental" (STC 86/1995, FJ 2).
Son numerosas las sentencias del Tribunal Constitucional que reiteran este fundamento jurídico de la regla de exclusión de prueba ilícita. Vid., más recientemente, SSTC 81/1998, FJ 2, 50/2000, FJ 4, 69/2001, FJ 26, 28/2002, FJ 4 y 22/2003, FJ 10.

constitucional de naturaleza procesal residenciada en el derecho a un proceso con todas las garantías.

b. La tesis del efecto preventivo o disuasorio de la exclusión

Pero puede sostenerse también que el fundamento constitucional de la regla de exclusión de la prueba ilícita no reside en un concreto derecho, ni viene implícita y directamente exigida por la Constitución como la única salvaguarda efectiva de los derechos constitucionales, sino que su fundamento reside en la necesidad de producir un efecto preventivo o disuasorio sobre las conductas que lesionan derechos. Esto es lo que sucede en Estados Unidos.

En la jurisprudencia norteamericana, en efecto, la justificación canónica de esta *exclusionary rule*, desde mediados de los años 70 del pasado siglo y hasta la fecha, no reside en un supuesto derecho constitucional subjetivo de la parte agraviada sino en la necesidad de disuadir de la violación de los derechos (*deterrent effect*); y por ser más precisos, en la necesidad de disuadir de futuras lesiones de derechos constitucionales por parte de los poderes públicos y singularmente de la policía. En palabras ya clásicas en la jurisprudencia del Tribunal Supremo norteamericano, "la regla está calculada para evitar, no para reparar. Su propósito es disuadir –imponer el respeto de la garantía constitucional de la única

manera efectivamente disponible– mediante la re-
moción del incentivo para ignorarla"[128].

Al resaltar que la justificación de la regla de exclusión es la producción de un efecto disuasorio no
se pretende desde luego afirmar que esta regla no
tenga ningún anclaje constitucional: lo tiene, por
ejemplo, en la decimocuarta enmienda, que consagra
el derecho al proceso debido. Lo único que quiere
decirse es que no existe en Norteamérica ningún
derecho fundamental que aloje (o exija) la regla de
exclusión, sino que ésta es tan sólo un instrumento
procesal de creación jurisprudencial diseñado para
garantizar los derechos fundamentales a través de su
efecto disuasorio, por lo que nada impediría que si
tal remedio se mostrase ineficaz o menos eficaz que
otros pudiera ser abandonado o sustituido por éstos.
Así de claramente se expone en la sentencia dictada
en *United States v. Calandra*, en 1974[129], que frente a
la etapa precedente, donde esta regla de exclusión
había sido calificada a veces como una norma de
fundamento constitucional directo exigida implícita-
mente por la *Bill of Rights* por ser la única salvaguarda
efectiva de los derechos de los ciudadanos frente al

---

[128] *Elkins v. United States*, 364 US. 206 (1960), p. 206. Vid. también
Mapp v. Ohio, 367 US 643 (1961), o *Linkletter v. Walker*, 381 US.
618 (1965), p. 613. En estos pronunciamientos, la necesidad de
disuadir conductas impropias futuras se iba convirtiendo ya
en la justificación principal de la regla de exclusión, aunque
este fundamento no se consolidaría hasta más tarde.

[129] 414 US 338 (1974).

abuso del poder de la policía[130], produce ahora una desconstitucionalización de la regla de exclusión al afirmar sin ambages que ésta es un simple instrumento disuasorio creado por la jurisprudencia y que, por lo tanto, en cualquier momento podría ser sustituido por otro remedio, bien por obra del legislador, bien por iniciativa de decisiones judiciales posteriores. E igual de claramente se expone esta doctrina en la sentencia dictada en *United States v. Janis*, en 1976, donde se insiste en que el principal propósito, si no el único, de la exclusión de las pruebas ilícitas es evitar futuras conductas policiales ilícitas[131].

Ahora bien, el *deterrent effect* como elemento de justificación de la regla de exclusión es un arma de

---

[130] En esta etapa, en efecto, el Tribunal Supremo había sostenido que la regla de exclusión no es una simple medida procesal establecida jurisprudencialmente, sino que emana directamente de (las enmiendas cuarta, quinta o sexta de) la Constitución, por ser el único medio efectivo para prevenir conductas ilegales, rechazando otros instrumentos alternativos como la acción civil por daños, la acción penal contra los policías involucrados o el control disciplinario administrativo ejercido por el propio cuerpo de policía. Así en *Mapp v. Ohio*, 367 US 643 (1961).

[131] 428 US 433 (1976). Un estudio detenido del desarrollo de esta exclusionary rule en Estados Unidos puede verse en L. Salas Calero, "Aspectos materiales y procesales del principio acusatorio: problemas probatorios, prueba ilícita y procesos penales socialmente relevantes. La exclusión de pruebas ilícitamente obtenidas en el derecho procesal de los Estados Unidos", *Revista del Poder Judicial*, n.º 66 (2002), ii; asimismo, C. Fidalgo Gallardo, *Las pruebas ilegales: de la exclusionary rule estadounidense al artículo 11.1 lopj*, Madrid, cepc, 2003.

doble filo, pues permite también formular excepciones a la misma: muy brevemente, si no hay *deterrent
effect* no hay *exclusionary rule*[132].

En efecto, si el fundamento de la exclusión de la
prueba ilícita es disuadir de la violación de derechos
fundamentales, entonces sólo estará justificada la
exclusión cuando sea necesario perseguir el efecto
disuasorio y cuando vaya a producirse éste. Cuando,
por el contrario, no parezca muy necesario perseguir
el efecto disuasorio (como, por ejemplo, cuando el derecho violado goce de una sólida protección) o cuando
sencillamente la disuasión no vaya a alcanzarse (como
cuando la policía actúa de buena fe) la justificación de
la exclusión se debilita y aporta razones a favor de la
admisión de la prueba en el proceso. Por eso, la tesis
del *deterrent effect* permite sostener en determinados
casos que el acto ilícito ya recibe una sanción, por lo
que no es necesario un efecto disuasorio adicional y la
prueba debe admitirse. O permite sostener que hay dos
bienes en conflicto (el interés público en la obtención
de la verdad procesal y el interés en el reconocimiento
de plena eficacia a los derechos constitucionales) y
que hay que ponderar en cada caso para dar acogida
preferente a uno u otro. De hecho, en relación con la
prueba practicada a partir de la información obtenida
mediante una prueba ilícita, o en relación con la prueba

---

[132] De esta concisa –pero contundente– manera sintetizan esta
idea J. A. Díaz Cabiale y R. Martín Morales, "La teoría de
la conexión de antijuridicidad", cit., p. 42.

obtenida mientras se buscaba otra cosa, la tesis del *deterrent effect* ha permitido a la jurisprudencia norteamericana sostener su admisibilidad en momentos de grave aumento de la criminalidad.

Lamentablemente, la formulación de excepciones a la regla de exclusión (y el consiguiente debilitamiento en la protección de los derechos) no es algo exclusivo de la jurisprudencia norteamericana y de su pregonada tesis del efecto disuasorio. Un fenómeno muy similar ha tenido lugar en la doctrina constitucional española a raíz de la construcción, a partir de la inaugural STC 81/1998, de la artificiosísima doctrina de la conexión de antijuridicidad.

c. La doctrina española de la conexión de antijuridicidad

La conexión de antijuridicidad es una construcción dogmática del Tribunal Constitucional español mediante la cual se pretende explicar cuándo deben ser excluidas del proceso y cuándo no las pruebas obtenidas a raíz de la lesión de un derecho fundamental. Esta tesis parte, pues, del presupuesto de que no toda prueba obtenida a partir de la lesión de un derecho ha de ser considerada ilícita y por tanto excluida. Lo será sólo en determinadas circunstancias, y de estas circunstancias da cuenta justamente la doctrina de la "conexión de antijuridicidad".

En realidad, con la tesis de la conexión de antijuridicidad lo que pretende el Tribunal Constitucional (y la doctrina que lo secunda) es justificar excepciones a la regla de exclusión de las pruebas ilícitas; lo cual –aunque obviamente no se verbalice– obedece entre otras cosas a la existencia de una "presión social" en ese sentido. Una presión que se manifiesta especialmente cuando arraiga la sensación de aumento de la criminalidad o de inseguridad ciudadana en general, pues se agudiza entonces, inevitablemente, la tensión entre el interés en perseguir y castigar el delito y el interés en garantizar los derechos, en grave detrimento de este último. De todos modos, la doctrina de la conexión de antijuridicidad, en principio, se proyecta sólo sobre el denominado efecto reflejo de la regla de exclusión de la prueba ilícita. Ello significa que por el momento el Tribunal Constitucional sólo se plantea la posibilidad de formular excepciones a la regla en el ámbito las denominadas pruebas ilícitas indirectas, pues llevar esta tesis también al ámbito de las pruebas ilícitas directas equivaldría pura y simplemente a la anulación de la regla de exclusión, y con ello a la desprotección de los derechos fundamentales en uno de los campos (el de la prueba) más proclives a su vulneración. Aun así, y teniendo en cuenta la sólida justificación de la regla de exclusión, vinculada a la protección de derechos fundamentales, formular excepciones a la misma no resulta sencillo, y de ahí los "juegos de artificio" que el Tribunal se ve obligado a realizar para construir su tesis[133].

---

[133] Así lo constatan también J. A. DÍAZ CABIALE y R. MARTÍN MORALES, "La teoría de la conexión de antijuridicidad", cit., p. 41.

La tesis de la conexión de antijuridicidad, que se articula por primera vez en la stc 81/1998, se resume en el siguiente planteamiento. Cuando se ha lesionado un derecho fundamental y como consecuencia se han obtenido pruebas, éstas no son inadmisibles en todo caso sino sólo cuando exista, además de la relación de causalidad, una conexión de antijuridicidad entre la lesión y las pruebas. Es decir, la conexión de antijuridicidad es lo que justifica la aplicación de la regla de exclusión. Cuando, por el contrario, no haya conexión de antijuridicidad entre la lesión del derecho y la prueba ésta podrá ser incorporada al proceso. Es decir, la ausencia de conexión de antijuridicidad es lo que justifica no aplicar (o excepcionar) la regla de exclusión. La cuestión a responder, por consiguiente, es cuándo cabe decir que no hay conexión de anti-juridicidad. Es decir, cuáles son las excepciones a la regla de exclusión.

En virtud de esta doctrina, no existe conexión de antijuridicidad (y por tanto cabe utilizar la prueba en el proceso) sólo si concurren dos circunstancias que el Tribunal Constitucional denomina, respectivamente, perspectiva interna y perspectiva externa. En primer lugar (perspectiva *interna*) es necesario *que la prueba refleja o derivada o indirecta sea jurídicamente ajena a (o independiente de)* la vulneración del derecho, lo que tendrá lugar cuando el conocimiento obtenido mediante la lesión originaria del derecho no resulte indispensable y determinante para la práctica de la segunda prueba; o sea, cuando la prueba derivada hubiera podido obtenerse normalmente por medios independientes de la lesión del derecho. La apreciación del dato de la "independencia" depende de circunstancias como la índole y las características de la vulneración originaria del derecho, así como de su resultado. En segundo lugar (perspectiva *externa*) se requiere *que no sea muy necesaria una contundente protección del derecho fundamental afectado por la ilicitud*. La apreciación de este dato habrá de ser hecha considerando la existencia o no de intencionalidad o negligencia grave en la vulneración del derecho cometida, así como la entidad objetiva de dicha vulneración[134].

---

[134] En palabras del Tribunal Constitucional: "para tratar de determinar si esa conexión de antijuridicidad existe o no, hemos de analizar, en primer término la índole y características de la vulneración del derecho [...] materializadas en la prueba originaria, así como su resultado, con el fin de determinar si, desde un punto de vista interno, su inconstitucionalidad se transmite o no a la prueba obtenida por derivación de aquella; pero también hemos de considerar, desde una perspectiva que pudiéramos denominar externa, las necesidades esenciales de tutela que la realidad y efectividad del derecho [...] exige". Además –añade– "estas dos perspectivas son complementarias, pues sólo si la prueba refleja resulta jurídicamente ajena a la vulneración del derecho y la prohibición de valorarla no viene exigida por las necesidades esenciales de tutela del mismo, cabrá entender que su efectiva apreciación es constitucionalmente legítima, al no incidir negativamente sobre ninguno de los aspectos que configuran el contenido del derecho fundamental sustantivo" (stc 81/1998, FJ 4, y reiterada en sstc 49/1999 y 161/1999, FJ 4.

La tesis de la conexión de antijuridicidad condiciona por tanto la admisión de las pruebas ilícitas indirectas, aparte de a la independencia jurídica entre la lesión del derecho y la prueba derivada, a la inexistencia de necesidades importantes de tutela del derecho lesionado; o sea, suponiendo la independencia jurídica, hay que examinar la concreta lesión del derecho fundamental para ver si la excepcional admisión de la prueba ilícita no afectará demasiado a su contenido esencial y a su necesidad de tutela. La tesis, en este segundo aspecto, formula pues la exclusión en unos términos "preventivos" que recuerdan mucho la doctrina norteamericana del *deterrent effect*. Si se quiere, la exclusión queda condicionada a las necesidades de disuasión, pero con ello el Tribunal, que inicialmente había configurado la regla de exclusión como una garantía constitucional de naturaleza procesal, ha reformulado su fundamento, acercándose a los pronunciamientos típicos de la jurisprudencia norteamericana[135]. Ahora

---

[135] Cfr. sobre el particular B. Rodríguez Ruiz, "El coste de los derechos fundamentales", *Teoría y realidad constitucional*, n.º 3 (1999), p. 332, y M. Miranda Estrampes, "La regla de exclusión de la prueba ilícita", cit., p. 60.

De hecho, un año después de la construcción de esta doctrina, la STC 49/1999 muestra ya claramente este viraje en la fundamentación de la regla de exclusión, pues afirma que "en definitiva, es la necesidad de tutelar los derechos fundamentales la que, en *ocasiones*, obliga a negar eficacia probatoria a determinados resultados cuando los medios empleados para obtenerlos resultan constitucionalmente ilegítimos" (FJ 12.º). Cursiva añadida. En esta ocasión, en concreto, el Tribunal Constitucional descarta la

bien, obsérvese que la apreciación de las "esenciales necesidades de tutela del derecho", en ausencia de las cuales estaría justificada la admisión de la prueba ilícita derivada cuando pueda suponerse que entre ésta y la lesión del derecho exista independencia jurídica, remite en realidad a un juicio de ponderación entre el interés público en la averiguación de la verdad en el proceso (que se conecta además en muchos casos al interés en reinstaurar la seguridad ciudadana) y el interés en reconocer y garantizar la plena eficacia de los derechos. Y este juicio de ponderación, precisamente por su acusado carácter discrecional, termina dejando en manos del juzgador la concreta garantía de los derechos. Por lo demás, repárese en que según esta doctrina –no importa reiterarlo– la apreciación de la independencia jurídica depende de circunstancias como la índole y las características de la vulneración originaria del derecho así como de su resultado, lo cual remite también a un juicio de notable discrecionalidad.

En suma, la regla de exclusión, que inicialmente se había conformado como una garantía constitucional de naturaleza procesal residenciable en el derecho a un proceso con todas las garantías (el debido proceso), acaba, por obra de la doctrina de la conexión de antijuridicidad, convertida en un simple instrumento

---

eficacia refleja de una lesión al secreto de las comunicaciones por entender que no había importantes necesidades de disuasión para su tutela efectiva.

al servicio de la garantía y eficacia de los derechos fundamentales originariamente lesionados, y por consiguiente muy dependiente de la necesidad y posibilidad de disuadir de la violación de los mismos[136].

2.4. *Las excepciones a la regla de exclusión*

La doctrina del *deterrent effect* ha permitido construir jurisprudencial y/o doctrinalmente algunas excepciones a la regla de exclusión[137]. Básicamente estas excepciones se reconducen a cuatro: la fuente independiente, el hallazgo inevitable y el nexo causal atenuado, que afectan a la prueba indirecta, y la buena fe, que afecta a la prueba directa[138]. En la medida en que la regla

---

[136] Por eso, en opinión de J. A. Díaz y R. Martín, la teoría de la conexión de antijuridicidad representa "el imposible empeño de extirpar la garantía del artículo 24.2 CE para reubicarla dentro del contenido de cada uno de los derechos fundamentales sustantivos, artículos 15, 17, 18 CE...". Y todo para intentar buscarle excepciones. ("La teoría de la conexión de antijuridicidad" cit. p. 42).

[137] En algunos países, además, las excepciones han sido recogidas en la ley. Así ha sucedido en Colombia, donde el artículo 455 de la Ley 906 de 2004 permite que la prueba ilícita pueda seguir utilizándose en los casos de "vínculo atenuado, fuente independiente, descubrimiento inevitable y los demás que establezca la ley", si bien por ahora la ley no ha introducido ninguna otra excepción.

[138] En la jurisprudencia estadounidense, fuente principal de estas excepciones, existen también otras, como la *impeachment exception* (excepción de tacha o impugnación), que permite usar la prueba ilícita en el interrogatorio del acusado para evitar que

de exclusión de la prueba ilícita es una garantía de salvaguarda efectiva de los derechos fundamentales, cualquier intento de articular excepciones a la misma constituye una agresión al sistema de protección de los derechos. Por eso merece la pena recordar estas excepciones y considerar su fortaleza o debilidad.

a. La fuente independiente

La excepción de la fuente independiente (*independent source doctrine*) es construida inicialmente por el Tribunal Supremo de los Estados Unidos y establece que cuando las pruebas que se consideran derivadas de una violación de derechos anterior derivan en realidad de una fuente independiente en la que la actuación policial ha estado sujeta a todos los requisitos legales, no procederá aplicar la *fruit of the poisonous tree doctrine*; es decir, no procederá excluirlas. Lo que se argumenta, más concretamente, es que si la prueba cuestionada ha podido ser obtenida a partir de dos fuentes, de las cuales una es ilegítima y la otra no, la fuente ilegítima puede no viciar la prueba, porque es posible que no exista conexión causal entre aquélla y

---

éste, aprovechándose de su exclusión, presente un testimonio contrario a los hechos que esa prueba acredita, y la *harmless error exception* (excepción de error inocuo), que, en una segunda instancia o apelación, rechaza revertir un juicio en el que una prueba ilícita fue erróneamente incorporada, porque no influyó en la decisión. Sin embargo no me referiré a ellas por no haber tenido tan amplio eco en otros sistemas jurídicos.

ésta; y la excepción de la fuente independiente consiste justamente en afirmar esa desconexión causal[139].

Esta excepción, reconocida también por la jurisprudencia constitucional española al calor –de nuevo– de la jurisprudencia constitucional estadounidense[140], hace referencia por tanto a aquellos supuestos en que se considera que la lesión del derecho no ha sido la única causa de la obtención de la prueba que se cuestiona, pues "existen líneas de investigación en marcha no viciadas de inconstitucionalidad a las que cabe, razonablemente, atribuir la responsabilidad del hallazgo de la prueba. La prueba controvertida se admite, pues, porque hay motivos para creer que [...] suprimida mentalmente la violación del derecho fundamental, la prueba hubiese sido obtenida razonablemente de la misma forma"[141]. En terminología del Tribunal Constitucional español, la excepción se basa en considerar que los datos probatorios obtenidos a partir de la lesión al derecho fundamental son "neutros" (*sic*), en el sentido de que no han sido ni indispensables ni determinantes para la práctica de

---

[139] Esta es la doctrina de *Silverthorne Lumber Co. v. United States*, 251 US 385 (1920). También en *United States v. Markling* 7 F3rd 1309 (7 Circ.1993).

[140] La primera aplicación de esta excepción tuvo lugar en la STC 81/1998, que arma la doctrina de la conexión de antijuridicidad, pero después ha tenido continuidad en otros pronunciamientos, por ejemplo, en las SSTC 171/1999 y 238/1999.

[141] L. Gálvez Muñoz, *La ineficacia de la prueba obtenida con violación de derechos fundamentales*, Cuadernos Aranzadi del Tribunal Constitucional, n.º 10 (2003), p. 186.

la prueba derivada; o, lo que es lo mismo, que esa prueba se habría obtenido igualmente sin la vulneración del derecho[142].

Según *Nix v. Williams*, el fundamento de la doctrina de la fuente independiente radica en que "el interés de la sociedad en la disuasión de conductas policiales ilícitas y el interés público en que los jurados reciban todas las pruebas de un crimen se ponderan adecuadamente si se pone a la Policía en la misma posición, no en una posición peor, que en la que hubiera estado si no se hubiese producido la conducta impropia [...] Cuando las pruebas cuya admisibilidad se ataca provienen de una fuente independiente, la exclusión de tales pruebas pondría a la policía en una posición peor que en la que hubiese estado en ausencia de error o violación"[143].

La doctrina de la fuente independiente, en rigor, no se presenta como una verdadera excepción a la regla de exclusión, pues lo que argumenta es que no hay conexión causal entre el acto ilícito y la prueba que se cuestiona, y que por tanto ese caso no entra en el ámbito de aplicación de la regla de exclusión: muy simplemente, cuando esta doctrina funciona lo que se sostiene es que la prueba no procede de un árbol envenenado sino de un árbol perfectamente sano. El problema, sin embargo, es que es difícil determinar en

---

[142] STC 81/1998, FJ 5.º. La misma excepción se aprecia en las SSTC 238/1999 y 26/2006.
[143] 467 US 431 (1984), p. 443.

cada uno de los casos examinados qué papel jugaron
en la práctica de la prueba derivada los datos e informaciones obtenidas a partir de la lesión del derecho
y qué papel jugaron las observaciones derivadas del
seguimiento policial que se venía desarrollando[144].
Por eso resulta relativamente sencillo aplicar esta
doctrina allí donde en realidad sí existe conexión
causal entre el acto ilícito y la prueba cuestionada,
es decir, esta doctrina hace realmente fácil calificar
como independiente una prueba que en verdad no
tiene ese carácter[145]. En estos casos habrá funcionado como una verdadera excepción. Así sucede, por
ejemplo, en el siguiente (y no infrecuente) supuesto.
La policía registra una vivienda sin orden judicial,
observa que hay droga, se va y obtiene una orden
de registro basada –se alega– en información ajena
al registro ilegal. En el segundo registro descubre la
droga vista originalmente. El Tribunal considera que
la prueba (el hallazgo de la droga) fue producto del
segundo registro realizado mediante orden judicial

---

[144] Con razón dice M. MIRANDA ESTAMPRES que "resulta aventurado
atribuir al dato obtenido con la intervención [lesiva del derecho]
un papel meramente accesorio", "La regla de exclusión de la
prueba ilícita", cit., p. 64.

[145] Como afirma M. ARAMBURO, esta doctrina "se dirige a tirar un
salvavidas a los casos difíciles, esto es, a aquellos en los que
no está tan claro que la prueba cuestionada sea independiente
de la ilícita", "La prueba ilícita en Colombia: presupuestos de
racionalidad", en *La Razón del Derecho. Revista Interdisciplinaria
de Ciencias Jurídicas*, n.º 1 (2010).

basada en informaciones independientes del primer
registro ilegal[146].

b. El descubrimiento inevitable

Muy próxima a la excepción de la fuente independiente, al punto de que puede considerarse una variante de la misma, está la excepción del descubrimiento inevitable.

La excepción del descubrimiento inevitable (*inevitable discovery exception*) es también creación de la jurisprudencia norteamericana y fue consagrada por el Tribunal Supremo Federal en el caso *Nix v. Williams*[147]. Esta excepción se cifra en argumentar que las pruebas resultantes de la lesión del derecho (por ejemplo, la información contenida en la cinta magnetofónica que se ha obtenido lesionando el derecho a la privacidad de las comunicaciones), que sólo por eso deberían ser excluidas del proceso, pueden ser incorporadas al mismo porque aunque no se hubieran descubierto a través de la violación del derecho *se habrían descubierto inevitablemente* por otras vías lícitas. Normalmente lo que se sostiene (y en eso consisten esas "otras vías") es que la policía tenía en marcha una investigación

---

[146] Así ha funcionado, por ejemplo, en *Segura v. United States*, 468 US 796 (1984) y en *Murray v. United States*, 487, US 533 (1988).
[147] 467 US 431 (1984).

paralela que habría conducido indefectiblemente al descubrimiento de esos hechos[148].

Como puede observarse, la diferencia entre la doctrina de la fuente independiente y la del descubrimiento inevitable es importante. En la primera lo que se argumenta es que la prueba controvertida sólo en apariencia deriva de la prueba ilícita, pues en realidad proviene de otra fuente independiente lícita que también existía junto a aquélla. En la excepción del descubrimiento

---

[148] En el caso *Nix v. Williams* los hechos fueron los siguientes. Durante un interrogatorio policial ilegal, el acusado (una persona con problemas mentales) confesó el crimen e indicó a la policía el lugar donde había enterrado a la víctima. El Tribunal excluyó las declaraciones derivadas del interrogatorio ilegal, pero no aceptó excluir también el hallazgo del cuerpo de la víctima porque –se argumentó– aunque el acusado no hubiera declarado dónde se encontraba, éste habría sido encontrado igualmente por las patrullas de voluntarios que lo buscaban y que ya estaban rastreando la zona.

Esta excepción ha sido aplicada también por el Tribunal Supremo español ya antes de la creación de la doctrina de la conexión de antijuridicidad, en sentencia 974/1997 de 4 de julio. Se practicaron unas escuchas telefónicas ilegales con las que la policía obtuvo información sobre la entrega de un alijo de droga en un lugar público e intervino la entrega de la mercancía. El Tribunal rechazó la petición de anular las pruebas adquiridas como consecuencia de la intervención policial, pues –se dijo– la acusada era ya objeto de un proceso de vigilancia y seguimiento por parte de la policía, anterior incluso a la intervención telefónica, que inevitablemente habría desembocado en el descubrimiento de la entrega del alijo. Sobre esta excepción, cfr. C. Fidalgo Gallardo, *Las pruebas ilegales...*, cit., p. 443 y L. Salas Calero, "Aspectos materiales y procesales"..., cit.

inevitable, en cambio, no se niega que la prueba controvertida derive de la prueba ilícita. Deriva de ahí. Pero se
argumenta que, de todas formas, si aquélla no hubiera
existido la prueba se habría obtenido igualmente por
otras vías lícitas que estaban desarrollándose. Ahora
bien, "se habría obtenido". Con razón esta excepción
también es denominada a veces la doctrina de la *fuente
independiente hipotética* (*hipothetical independent source
doctrine*). Precisamente por basarse en un juicio meramente conjetural o hipotético, es decir en lo pudo haber
pasado pero no pasó, la excepción del descubrimiento inevitable resulta difícilmente admisible desde la
perspectiva de la presunción de inocencia, que exige
ser desvirtuada con datos plenamente acreditados y
obtenidos de forma lícita[149].

c. El nexo causal atenuado

La excepción del nexo causal atenuado (*attenuated
connection principle o purget taint*) procede también

---

[149] M. Miranda Estrampes, "La regla de exclusión de la prueba
ilícita", cit., p. 59. También resaltan el carácter meramente
hipotético del juicio que debe realizar el órgano jurisdiccional
J. A. Díaz Cabiale y R. Martín, "La teoría de la conexión de
antijuridicidad", cit., p. 47 y *La garantía constitucional...*, cit, p. 88.
Esta y otras críticas en L. Salas Calero, "Aspectos materiales
y procesales del principio acusatorio...", cit. Y recientemente
M. Aramburo, "La prueba ilícita en Colombia: presupuestos
de racionalidad", cit., quien se muestra crítico –a mi juicio con
razón– con un estándar de prueba tan poco riguroso como el
"más probable que no".

de la jurisprudencia norteamericana y se cifra en
considerar que en determinadas circunstancias el
nexo causal entre el acto ilícito y la prueba derivada
cuya admisión se cuestiona está tan debilitado que
puede considerarse inexistente. Así sucede –según
esta doctrina– cuando ha transcurrido mucho tiempo entre el inicial acto ilícito y la prueba derivada,
o cuando la cadena causal entre el inicial acto ilícito
y la prueba derivada está compuesta de un gran
número de eslabones; pero también en el caso de la
denominada confesión voluntaria, que constituye el
supuesto más característico de la doctrina del nexo
causal atenuado.

La confesión voluntaria a la que hace referencia esta
excepción es la realizada sobre la base de los elementos
encontrados mediante la lesión de un derecho. Tome-
mos el siguiente caso. En un registro inconstitucional
en el domicilio de X se halla una cierta cantidad de
droga. El acta de entrada y registro constatando este
hecho (que se encontró droga en el domicilio de X)
es nula, por lo que no puede incorporarse al proceso
como prueba, pero más tarde X confiesa que la droga
es suya y –ahora sí– esa confesión se considera válida
y se incorpora al proceso. En línea de principio la
confesión no debería considerarse válida, pues hay
un nexo causal entre el registro inconstitucional y la
confesión, de manera que en ausencia de aquél no se
hubiera producido ésta: de no haberse registrado la
vivienda no se habría hallado la droga; de no haberse
hallado la droga no se le habría detenido ni se le habría tomado declaración; si no se le hubiera tomado

declaración nunca habría reconocido la tenencia de
la droga. Pero lo que se argumenta –y esta es la trama
de la excepción– es que el nexo causal entre el registro y la confesión está jurídicamente muy debilitado
o incluso roto por el hecho de que X ha confesado
rodeado de todas las garantías (en presencia de su
abogado y habiendo sido advertido de sus derechos),
y por tanto que lo ha hecho "libre y voluntariamente"
y no como fruto de coerción o compulsión alguna; es
decir, ha confesado cuando podía no haberlo hecho,
lo que en cierto modo independiza la confesión del
acto lesivo del derecho. En suma, lo que se sostiene es
que la confesión tiene un elemento de voluntariedad
que la independiza jurídicamente de la lesión del
derecho fundamental, por lo que no está justificado
excluirla del proceso[150].

---

[150] Esta excepción se aplicó ya en 1963 en el caso *Wong Sun v.
United States* (371 US. 471 (1963). La policía registró ilegal-
mente la lavandería de A, ocupándole una cantidad de droga,
quien indicó que B le había vendido la droga. Registraron a
continuación el domicilio de B, encontrando droga, quien a su
vez acusó a C de ser quien se la suministraba. C fue arrestado,
llevado a comisaría, donde negó los hechos, y posteriormente
puesto en libertad. Pero poco después volvió a comisaría por
propia iniciativa para hacer un trato con la policía y, tras ser
informado de sus derechos, confesó ser culpable de los hechos
investigados. En el juicio tanto la declaración de A como las
drogas descubiertas fueron excluidas como frutos del registro
ilegal, pero se rechazó excluir la confesión de C, porque el
hecho de *haber confesado voluntariamente* sanaba la ilegalidad.
El Tribunal Supremo consideró que, pese a existir una relación
causal entre el inicial registro ilegal y la confesión posterior,

La excepción de la confesión voluntaria, como en general toda excepción que se reconduzca a la idea del nexo causal atenuado, es, sin embargo, una construcción muy criticable. La debilidad de la argumentación se advierte con facilidad. En primer lugar, porque parece evidente que si el confesante hubiera sabido que lo obtenido con violación de derechos no tendría ningún valor en el proceso, seguramente no habría confesado; por lo tanto la supuesta "voluntariedad" de la confesión debe ser puesta en cuarentena. Pero es que, además, incluso al razonar del modo en que se hace (en el ejemplo puesto, al sostener que la confesión no es el resultado del registro practicado) se incurre inevitablemente en contradicción. Ello es así porque, por una parte, se sostiene que el registro es nulo, y en consecuencia no produce efectos probatorios de ninguna clase; pero, por otra parte, al concluir que la confesión del inculpado basta para admitir la tenencia de la droga, se le está dando validez al registro. Y esto último por varias razones. Primero porque, en su declaración, al acusado se le está preguntando por una pieza de convicción que sólo podría existir (jurídicamente) gracias al registro, luego se le está dando validez[151]. Segundo porque sólo

---

la voluntariedad de la confesión y el hecho de que el acusado fuera advertido de sus derechos debilitaba (o rompía) esa cadena causal.

[151] En efecto, de no darle validez al registro (como debería ser, de acuerdo con la ilicitud de la prueba) "no se entiende con base a qué fuente de información podría ni siquiera formularse

con la declaración autoinculpatoria del acusado (es decir, en ausencia de cualquier otro elemento probatorio, y particularmente en ausencia de las piezas de convicción derivadas del registro) es casi seguro que no se podría dictar sentencia condenatoria, luego parece que se están tomando en consideración las piezas de convicción derivadas del registro[152]. Por lo demás, sólo un ímprobo esfuerzo mental puede

---

por la acusación al imputado pregunta alguna acerca de algo jurídicamente inexistente" P. Andrés Ibáñez, "La función de las garantías en la actividad probatoria", en AA. VV., *La restricción de los derechos fundamentales de la persona en el proceso penal*, Cuadernos de Derecho Judicial, Madrid, cgpj, 1993, p. 240. Se reitera esta misma crítica en sts de 17 de enero de 2003, de la que también fue ponente P. Andrés.

[152] Justamente con el afán de sortear la contradicción que supone admitir al proceso unos hechos (los resultantes de la lesión del derecho y sobre los que después se formulan las preguntas de la declaración) que jurídicamente no existen (porque el registro es nulo de pleno derecho), el Tribunal Constitucional español ha tenido que recurrir al rocambolesco expediente de distinguir entre el *plano jurídico* (que comporta la exclusión del proceso de las piezas de convicción halladas: la droga, en nuestro ejemplo) y el *plano fáctico* (consistente en afirmar que el hecho de haberse encontrado droga en el registro no puede borrarse del mundo –ni del proceso–). Con sus propias palabras: ha tenido que admitir que "lo hallado en un registro verificado con vulneración del derecho a la inviolabilidad del domicilio no ha de tenerse por inexistente en la realidad y puede ser incorporado de forma legítima al proceso por otros medios de prueba" (sstc 161/1999, FJ 2 y 149/2001, FJ 6). No parece necesario añadir ningún comentario más al respecto. Cfr. estas y otras duras críticas en J. A. Díaz y R. Martín, "La teoría de la conexión de antijuridicidad", cit., p. 46 y M. Miranda

llevar a ver alguna relación entre la voluntariedad
de la confesión que trae causa de una prueba ilícita
y la ruptura de ese nexo causal.

d. La buena fe

Con todo, las excepciones comentadas, que afectan
a la prueba indirecta o derivada, no constituyen ni
el único ni el más grave peligro para la regla de exclusión y por consiguiente para la protección de los
derechos constitucionales que constituye su objetivo.
El mayor peligro lo representa el riesgo de contagio
(o de extensión) a la prueba directamente obtenida a
partir de la lesión de un derecho; o sea, la posibilidad
de que también se terminen formulando excepciones
a la exclusión de las pruebas directas. Y obsérvese
que si ese paso se diera significaría el propio cues-
tionamiento de la regla.

Este gran paso hacia la destrucción de la regla de
exclusión –que puede resumirse en que *"no es absolutamente inexorable la exigencia de que* en cualquier
supuesto y al margen de cualquier otra consideración
sea excluida la prueba ilegítimamente obtenida"[153]– ya se

Estrampes, "La regla de exclusión de la prueba ilícita", cit.,
pp. 57 y 58 y pp. 61 ss.

[153] Tomo la afirmación del Voto particular de P. Cruz Villalón
–entonces presidente del Tribunal Constitucional español– a la
stc 49/1999, que ya anunciaba claramente la disposición del
Tribunal a no aplicar inexorablemente la regla de exclusión ni

ha dado con el reconocimiento de la excepción de buena fe de los agentes de la policía.

Esta excepción (la *good faith exception*) fue creada por la jurisprudencia norteamericana en 1984 en la sentencia que resuelve el caso *United States v. Leon*. En ella se afirma que no procede aplicar la *exclusionary rule* cuando la policía haya obtenido pruebas en un registro efectuado de buena fe con una autorización inválida (por contener un vicio oculto) pero aparentemente correcta; es decir, cuando haya actuado en la creencia de que la orden judicial que autoriza el registro era válida. Esta doctrina se completará en 1987 con la sentencia *Illinois v. Krull*, que extiende la excepción de buena fe de *Leon* a los supuestos en que la policía ha realizado el registro apoyándose en una ley posteriormente declarada inconstitucional, y en 1995 con la *Arizona v. Evans*, que extiende la excepción a los supuestos en que la policía ha actuado sobre la base de errores cometidos por el personal de apoyo del poder judicial. La justificación de la excepción de buena fe es que en estos casos –según la Corte Suprema– la aplicación de la regla de exclusión no tendría ninguna eficacia disuasoria, pues, debido a la apariencia correcta de la autorización, el agente actuó en todo momento convencido de la corrección de su proceder[154]. Cualquier policía, en el futuro, actuaría de la misma forma.

---

siquiera en los supuestos de pruebas directamente obtenidas en la lesión del derecho.
[154] *United States v. Leon*, 468 US. 897 (1984), *Illinois v. Krull*, 480 US.

En España, la excepción de buena fe policial ha
sido introducida por la Sentencia del Tribunal Constitucional 22/2003, a propósito de un caso donde se
cuestiona la licitud de la información contenida en
el acta de entrada y registro que la policía realizó
en el domicilio de un detenido sin que mediara su
consentimiento ni autorización judicial, sino sólo el
consentimiento de la esposa, a la sazón denunciante.
El Tribunal Constitucional aduce que "según el estado
de la interpretación del ordenamiento en el momento
de practicar la entrada y registro", el consentimiento
de la esposa aparecía "como habilitación suficiente
para llevarlo a cabo conforme a la Constitución". Es
decir, que no existió dolo o culpa (o mala fe) en dicho
registro, pues los agentes policiales que lo practicaron
actuaban en la creencia de estar obrando lícitamente. Por ello –concluye– "la necesidad de tutela por
medio de la exclusión de la prueba en este caso no
sólo no es mayor que en el de las pruebas reflejas,
sino que podría decirse que no existe en absoluto".
En suma –continua el Tribunal– "en casos como el
presente, en que el origen de la vulneración se halla
en la insuficiente definición de la interpretación del
Ordenamiento, en que se actúa por los órganos in-
vestigadores en la creencia sólidamente fundada de

---

340 (1987) y *Arizona v. Evans*, 514 US 1 (1995). Un análisis de esta
excepción en L. Salas, "Aspectos materiales y procesales", cit.;
y C. Fidalgo Gallardo, *Las pruebas ilegales: de la exclusionary
rule...*, cit., pp. 444 ss.

estar respetando la Constitución [...] la exclusión de la prueba [en este caso, el hallazgo de una pistola] se revela como un remedio impertinente y excesivo que, por lo tanto, es preciso rechazar"[155].

3. Conclusión: el repliegue hacia la "libertad de prueba"

La regla de exclusión de la prueba ilícita es una potente *garantía ideológica* cuyo fundamento reside en el compromiso en la preservación de los derechos como condición nuclear del Estado constitucional y, por consiguiente, como parte esencial del concepto del "debido proceso". *No es más* que esto. Pero tampoco es menos. No es más porque dicha regla no tiene por objeto, en lo esencial, contribuir a una verdad de mayor calidad. Antes al contrario. Allí donde la regla se aplica merma en algunos casos la posibilidad de descubrir institucionalmente la verdad. *Pero tampoco es menos*, puesto que afirmado ese compromiso con los derechos que es el fundamento de la regla, ésta no puede ceder ni siquiera ante el legítimo interés público en la averiguación de la verdad en el proceso. Si así no fuese, tal garantía quedaría diluida en una bella proclamación formal sin mayor incidencia práctica.

La regla tiene, pues, una naturaleza bifronte, y ello explica que sea valorada tanto negativamente (desde una consideración puramente epistémica)

---

[155] stc 22/2003, FJ 10.

como positivamente (desde una consideración moral o ideológica). Es evidente que en provocar la exclusión de pruebas reside la miseria (*epistémica*) de la regla. Pero en ese mismo poner freno a las actividades investigadoras para preservar los derechos reside también su grandeza (*política*). Que la firmeza en la defensa de la regla no sea suficientemente entendida es, pues, un problema puramente ideológico, de compromiso con las garantías y en particular con los derechos.

Desafortunadamente ese compromiso parece estar debilitándose en los últimos tiempos. En la mayoría de los sistemas se está culminando un proceso de repliegue más que cuestionable hacia el sistema de la *libertad de prueba*; un proceso que está muy vinculado al reconocimiento del *deterrent effect* como justificación de la regla de exclusión y que se traduce en la paulatina introducción de limitaciones a su ámbito de aplicación[156]. Bien es verdad que ese repliegue no es sólo ni fundamentalmente consecuencia "técnica" de la asunción del efecto disuasorio como fundamento de la regla de exclusión, sino que más bien obedece

---

[156] En España este proceso es sumamente eficaz. La doctrina de la conexión de antijuridicidad, a través de las excepciones de la *confesión voluntaria* y el *descubrimiento probablemente independiente*, ha acabado en la práctica con las pruebas ilícitas indirectas: desde su elaboración, sólo en contadas ocasiones ha reconocido el Tribunal Constitucional la eficacia refleja de la prueba ilícita. Pero lo más grave es que a través de la excepción de la *buena fe policial* puede terminar también con las pruebas ilícitas directas; o sea, con la regla de exclusión misma.

a la convicción de que la rígida aplicación de la regla
tendría un impacto nocivo sobre la confianza de los
individuos en el funcionamiento del poder judicial,
que sobre todo en el proceso penal verían cómo personas aparentemente culpables son exoneradas con
base en lo que ellos consideran detalles técnicos de
escasa importancia[157], y en todo caso a concepciones
más profundas de filosofía política para las que los
derechos fundamentales no representan el basamento
infranqueable del Estado y del Derecho. Prueba de ello
es que, entre los defensores de este debilitamiento de
la regla de exclusión, hay quienes se muestran críticos
incluso con la tesis del efecto disuasorio, por considerar
que es demasiado condescendiente con los derechos
fundamentales frente a la necesidad de sancionar el
delito propia del Estado; en definitiva, hay quienes
consideran que los derechos fundamentales no son
algo intocable o tabú, y que "han de respetarse los de
cada persona [pero] cuando es merecedora de ello,
en situaciones normales, de actuaciones respetuosas
con los derechos fundamentales de los demás"[158].

---

[157] Todo parece indicar, sin embargo, que ese "temor" refleja una
injustificada alarma. En Estados Unidos, por ejemplo, estudios
empíricos realizados en la década de los 80 han mostrado que
un número importante de personas acusadas de delitos logran
excluir una prueba fundamental de su proceso; pero en la práctica,
sin embargo, la exclusión afecta al resultado del caso en pocas
ocasiones, D. Dripps, "The Case for the Contingent Exclusionary
Rule", 38 *American Criminal Law Review* 1, 2001, nota 50.

[158] N. Martí Sánchez, "La llamada 'prueba ilícita' y sus consecuencias procesales", *Actualidad Penal*, n.º 7 (1998), p. 60.

Obviamente estas tesis no niegan la importancia
de los derechos fundamentales como elemento básico
del orden político, pero al resaltar la necesidad de
ponderar los derechos con las demandas sociales de
justicia y seguridad mitigan (y al extremo anulan)
su trascendencia. Es verdad que esta posición (y el
consiguiente repliegue hacia el sistema de libertad de
prueba que supone) viene de algún modo respaldada
por el propio contexto constitucional, pues –se sostiene– no existe un sistema de prioridades absolutas
entre los distintos bienes y valores constitucionales,
por lo que los eventuales conflictos entre los mismos
habrán de ser resueltos mediante un juicio de ponderación en cada caso. Pero también es verdad que el
recurso a la ponderación, al dejar ciertas anchuras a la
discrecionalidad en la decisión, propicia una "huida
hacia delante" en la que los derechos, con demasiada
frecuencia, corren el riesgo de quedarse en el camino
cediendo el paso a otros valores. No en vano, desde
estas posiciones se reconoce que la regla de exclusión
"recibirá una interpretación más o menos extensiva,
dependiendo del momento histórico en el que se
analice, el cual vendrá determinado por el nivel de
criminalidad detectable"[159]. Con ello, es evidente, se
logra dar primacía al interés público en la represión
de la criminalidad y en el mantenimiento de la paz
social sobre el reconocimiento de plena eficacia de los
derechos. Pero eso está en perfecta contradicción con

---

[159] M. I. Velayos, "Los límites a la investigación penal...", cit.

un modelo procesal-constitucional comprometido no sólo con la averiguación de la verdad, sino también (y de modo condicionante) con la defensa de los derechos; un modelo en virtud del cual –ya se dijo– "la verdad no puede perseguirse a cualquier precio". Y frente a ello no cabe la demagogia. No se diga que ser muy garantistas en este punto equivale a cerrarse a la posibilidad de averiguar la verdad. El Estado tiene poder y medios suficientes para investigar sin necesidad de vulnerar derechos.

IV. MOTIVACIÓN DE LA PRUEBA

1. RACIONALIDAD DEL PODER Y OBLIGACIÓN DE MOTIVAR (TAMBIÉN) LAS DECISIONES PROBATORIAS

Que los jueces ejercen un poder intenso en el ejercicio de su función es algo que seguramente siempre ha estado claro. Lo novedoso del constitucionalismo es que, además, se cobra conciencia del riesgo antigarantista a que puede conducir un activismo judicial desbocado, lo que explica la gran atención que en las últimas décadas se viene prestando a los procesos argumentativos judiciales. Por eso en la ideología del Estado constitucional de derecho la presencia de una fuerte discrecionalidad en el desempeño de la función judicial no proporciona inmunidad al juez. Antes al contrario. Representa un reto para la conformación de controles jurídicos que se ejercerán sobre el proceso argumentativo que conduce desde la inicial información fáctica y normativa a la resolución o fallo[160]. En otras palabras, si el juez es el depositario de un poder que

---

[160] Vid. L. PRIETO, "Notas sobre la interpretación constitucional", *Revista del Centro de Estudios Constitucionales*, 9, 1991; y M. J. AÑÓN, "Notas sobre discrecionalidad y legitimación", DOXA, 15-16, 1994, vol. II.

se ejerce con ciertas anchuras, entonces debe acreditar la racionalidad de sus decisiones, pues ahí reside su principal fuente de legitimidad[161]; debe acreditar, en fin, que ese ejercicio más o menos discrecional de poder no es, sin embargo, un ejercicio arbitrario.

El instrumento jurídico enderezado a garantizar que el poder actúe racionalmente y dentro de unos límites es la motivación, que no en vano ha sido calificada como "el signo más importante y típico de "racionalización" de la función judicial"[162]. Por ello, desde otra perspectiva, la motivación representa la cláusula de cierre para la protección de los derechos[163]. Es más, hay quien concibe la motivación incluso como uno de los principios rectores de la ética judicial[164].

---

[161] Como indica M. Cappelletti, lo que distingue al juez del legislador es básicamente la necesidad de justificar las decisiones, de mostrar su racionalidad o no arbitrariedad, pues ahí reside la principal fuente de legitimidad de su poder. Cfr. *Giudici legislatori?*, Milano, Giuffré, 1984, p. 63.

[162] P. Calamandrei, *Proceso y democracia*, trad. de H. Fix-Zamudio, Buenos Aires, ejea, 1960, p. 115. Llama no obstante la atención que, tratándose de una cuestión capital, haya recibido tan escasa atención por parte de los constitucionalistas, más preocupados (quizás por obvias razones históricas) por ahondar en el poder que conecta al Cuerpo electoral con el Parlamento y el Gobierno. Así lo constata también uno de ellos, J. F. López Aguilar, *La justicia y sus problemas en la constitución*, Madrid, 1996, pp. 67 ss.

[163] No es casual que resalte este aspecto de la motivación una de las obras teóricas sobre los límites del poder más estimulantes de los últimos tiempos, el libro de L. Ferrajoli, *Derecho y Razón. Teoría del Garantismo Penal*, cit.

[164] Así, M. Atienza, "Ética judicial: ¿por qué no un código deon-

La obligación de motivar es relativamente reciente, pues –como se ha dicho– pertenece a una cultura jurídica comprometida con el control del poder para la garantía de los derechos y es por ello un fenómeno plenamente normalizado sólo a partir de las constituciones que surgen después de la segunda guerra mundial. Con todo, pese a su juventud, en las sociedades actuales regidas por el principio de Estado de derecho, la necesidad de motivar los actos jurídicos se ha convertido ya en un punto incontestable y los ordenamientos suelen recogerla[165]. De todas formas no siempre resulta claro qué ha de entenderse por motivación, de manera que aunque la obligación (la de motivar) no se discute, las exigencias que se anudan a la misma pueden ser notablemente distintas.

Según una concepción bastante difundida (la denominada a veces concepción psicologista o mentalista) motivar una decisión consiste en *explicarla*, o sea en *describir* o hacer explícitos los motivos que, de hecho, han conducido al juez a adoptarla. En definitiva, motivar una decisión equivale a realizar un *ejercicio de sinceridad,* pues consiste en confesar por qué causas o con qué propósito se adoptó. Esta concepción de la motivación, sin embargo, no resulta adecuada, pues en el contexto jurídico (y particularmente en la

---

tológico para jueces?, *Jueces para la democracia,* 46 (2003), p. 44.
[165] En España, la obligación de motivar ha sido elevada a rango de exigencia constitucional en el art. 120.3 CE, y el TC sanciona su falta como una infracción del art. 24 CE, al entender que su ausencia genera indefensión.

ideología del Estado de derecho) no interesa saber
cuáles han sido los motivos reales que han llevado al
juez a adoptar una decisión, y que pueden ser políticos, psicológicos, ideológicos, etc. Lo que interesa es
garantizar –y la motivación es un instrumento para
ello– que esa decisión no sea arbitraria, o sea que el
poder discrecional que posee el juez para interpretar
y aplicar el Derecho se haya ejercido racionalmente[166].
Por ello la concepción de la motivación exigible es la
que entiende que motivar una decisión consiste en
justificarla, o sea en consignar las *razones* que permitan entenderla como correcta o aceptable[167]. Dicho

---

[166] Ello es así –señala Aarnio– porque, más allá de la fórmula
de Estado de derecho, en las sociedades modernas la gente ya
no se conforma con una apelación al argumento de autoridad,
sino que exige razones. Muy simplemente, las autoridades ya
no convencen con un "esto es así porque lo digo yo". Cfr. A.
Aarnio, *Lo racional como razonable. Un tratado sobre la justificación
jurídica* (1987), trad. de E. Garzón, Madrid, cec, 1991, esp. p.
15.

[167] La cuestión de "cómo se generaron realmente las razones
dadas y si éstas son las razones reales del juez, adquiere una
importancia relativamente menor. Si las razones dadas están
bien fundadas y son válidas no importa si son o no las razones
"reales" del juez... Las razones realmente dadas serán juzgadas
por sus propios méritos" (G. Bergholtz, "*Ratio et auctoritas*:
algunas reflexiones sobre la significación de las decisiones
razonadas", *doxa*, 8, 1990, p. 85).Y lo mismo J. Igartua: "la
motivación de una sentencia no debe calibrarse con arreglo a
la sinceridad del juez: lo que faculta el convencimiento de las
partes, la posibilidad de recurrir a tribunales superiores, etc.
es el vigor o la endeblez de las razones que esgrime el juez,
no si éste es un ingenuo que lo cuenta todo o un trolero que

brevemente, en la ideología del Estado de derecho "un fallo sin fundamentación es el paradigma de una sentencia arbitraria"; por eso "los jueces tienen el deber de justificar sus decisiones (mostrarlas como correctas) pero no el de explicarlas (dar cuenta de sus motivos)"[168]. Si se entendiera, por el contrario, que la función de la motivación no es garantizar la racionalidad o no arbitrariedad de la decisión sino (sólo) obtener su aceptación por las partes y por el público en general, entonces la motivación no tendría que concebirse necesariamente como justificación de la decisión, pues esa aceptación podría obtenerse también por otras vías meramente persuasivas.

Que la motivación ha de entenderse como justificación se pone además de relieve en las funciones que se atribuyen a la misma, y que se reconducen al final a una lucha contra la arbitrariedad.

La principal función que se asigna a la motivación consiste en *facilitar el control público o ciudadano de la decisión*. Se trata, por tanto, de una función respecto del público en general, pues es un error pensar que la decisión judicial interesa sólo a las partes directamente afectadas por ella: la sentencia es también un acto público o colectivo, por cuanto representa el ejercicio de un poder que es público y que por con-

---

dice lo contrario de lo que piensa" (*Teoría analítica del derecho (la interpretación de la ley*, Oñati, IVAP, 1994, p. 95).

[168] J. Aguiló, "De nuevo sobre 'independencia e imparcialidad de los jueces y argumentación jurídica'", *Jueces para la democracia*, 46 (2003), pp. 48 y 49.

siguiente ha de ser no sólo interna o procesalmente sino también externamente controlado. Este control externo del poder del juez se realiza plenamente allí donde su actuación sea pública y no encubierta, y la motivación, en cuanto pública expresión de las razones del juez, facilita o permite este control[169]. En suma, la responsabilidad de ofrecer motivación es específicamente una responsabilidad de maximizar el control público de la decisión[170]. Por eso la motivación se inserta en la lucha *extraprocesal* frente a la arbitrariedad.

A la motivación se atribuye además otra importante función que consiste en *facilitar el control interno de las decisiones judiciales* a través de los recursos legalmente previstos: en cuanto expresión de las razones que justifican la decisión, la motivación permite a los órganos de control un conocimiento más claro y detallado de las mismas. Se trata, pues, de una función respecto de los tribunales superiores (tanto los de apelación como los de casación y amparo), que, en la medida en que conozcan las razones que pretenden apoyar

---

[169] Por ello dice J. Igartua que "la motivación de las sentencias sirve también para que cada *quisque de populo* o el público en su conjunto vigile si los tribunales utilizan arbitrariamente el poder que les ha sido confiado... La gente tiene derecho a saber por qué se declara culpable a alguien (si la sentencia es condenatoria) o por qué se reconoce la inocencia de alguno (si la sentencia es absolutoria)", *Valoración de la prueba, motivación y control en el proceso penal*, Valencia, Tirant lo Blanch, 1995, p. 167.

[170] A. Aarnio, *Lo racional como razonable*, cit., p. 29.

la decisión, podrán efectuar mejor su tarea. Pero se trata también de una función respecto de las partes implicadas en el proceso, sobre todo la perjudicada por el fallo, a la que el conocimiento de esas razones facilitaría su eventual impugnación. Tanto en un caso como en otro la motivación se inserta en la lucha *endoprocesal* frente a la arbitrariedad.

La motivación, en suma, en cuanto pública manifestación de las razones que pretenden justificar la decisión, es una garantía frente a la arbitrariedad. BENTHAM ya lo observó tempranamente: la publicidad "es el preservativo de la arbitrariedad"; "lo que menos se debe temer [de los jueces] son los poderes discrecionales que sólo se les confía con la condición expresa de que motiven en todos los casos el uso que hacen de ellos. Ese freno es suficiente, porque les deja toda la responsabilidad"[171]. Interdicción de la arbitrariedad y obligación de motivar son las dos caras de una misma moneda.

De todos modos, y aun cuando la necesidad de motivar las sentencias se ha convertido ya en una exigencia incontestable, la cultura de la motivación aún encuentra una especial resistencia en el ámbito de la prueba. Ello seguramente obedece a que el juicio de hecho ha pertenecido durante mucho tiempo, sea al ámbito de las cuestiones jurídicas "no problemáticas", sea a una "zona de penumbra" donde reina el arbitrio judicial. La primera tendencia, que estaría

---

[171] J. BENTHAM, *Tratado de las pruebas judiciales*, cit., vol. I, p. 95.

típicamente representada por una concepción *cognoscitivista acrítica* de la prueba para la que ésta es un instrumento de conocimiento que proporciona una verdad incontrovertible, presupone una visión extremadamente ingenua e irreal del procedimiento decisorio que ha terminado operando como pura ideología y ha permitido a los juristas obviar los arduos problemas que éste plantea, haciendo *innecesaria* la motivación. La segunda tendencia, que estaría en cambio bien representada por una concepción retórica o *persuasiva* de la prueba que entiende que la finalidad de ésta es sólo persuadir con el objetivo de obtener una resolución favorable, presupone que el proceso de toma de decisiones es el ámbito de la subjetividad, de las intuiciones, de las corazonadas (en todo caso un proceso no basado necesariamente en pruebas), por lo que la motivación sólo puede ser concebida como racionalización *a posteriori* de una decisión que se ha tomado al margen de cualquier procedimiento racional; es decir, la motivación, entendida como justificación, es *imposible*[172].

Un análisis mínimamente reflexivo sobre el proceso de toma de decisión (o de valoración, que constituye su núcleo esencial) conduce al rechazo tajante de cualquiera de estas dos posturas: ni es aceptable una

---

[172] La motivación sería aquí, como señala J. Wròblewski, pura mistificación hecha con fines ideológicos (*Constitución y teoría general de la interpretación jurídica*, Madrid, Tecnos, 1985, trad. de A.Azurza, p. 60).

concepción puramente irracional, intuitiva o subjetiva
del proceso decisorio, ni es tampoco aceptable una
concepción tan ingenua, acrítica o mecanicista del
mismo. Lo primero porque si lo que hay que probar
es la verdad de las afirmaciones sobre hechos controvertidos (o sea, su correspondencia con los hechos
que describen), entonces la valoración no puede verse
como un modo libérrimo de construcción de una
verdad procesal ajena al control de los hechos, sino
que ha de estar basada necesariamente en pruebas. Lo
segundo porque la prueba judicial, sí, es una actividad
encaminada a conocer la verdad sobre los hechos
litigiosos, pero, tratándose de un conocimiento de
tipo inductivo e institucionalizado, o sea sometido a
limitaciones epistemológicas y procesales, los resultados que produce no son incontrovertibles sino sólo
probables. Muy simplemente, el proceso decisorio o
valorativo (el juicio de hecho) es tan problemático o
más que el juicio de derecho[173], y desde luego puede
estar impregnado de irracionalidad porque en él
pueden hacer también entrada elementos intuitivos
o puramente subjetivos; es, en fin, el momento de
ejercicio del poder judicial donde el juez es más so-
berano y en consecuencia puede ser más arbitrario[174].

---

[173] Cfr. L. Prieto, *Ideología e interpretación jurídica*, Madrid, Tecnos,
1987, pp. 82 ss.
[174] P. Andrés, "Acerca de la motivación de los hechos en la sentencia penal", cit., p. 261.

Es precisamente la conciencia de ese inmenso poder que el juez administra, así como la aspiración a ejercerlo racionalmente, lo que auspicia una concepción racional de la (libre) valoración. De hecho –recordémoslo– valorar libre y racionalmente consiste en determinar si, a la vista de las pruebas o informaciones disponibles, es razonable aceptar como verdaderas (o probables en grado suficiente) ciertas afirmaciones. Pero entonces *es necesaria (y posible)* la motivación, es decir, la explicitación de las razones que permiten sostener que esas aserciones pueden aceptarse como verdaderas. Si así no fuese, la valoración más que libre sería libérrima, subjetiva e incontrolable ("íntima", en la terminología al uso), con lo cual se abandonaría la racionalidad y el cognoscitivismo para entrar en el campo del puro decisionismo judicial.

En suma, fallar libremente (o, como suele decirse, con arreglo a conciencia) no puede significar rechazar la motivación, basar la sentencia en una íntima e intransferible convicción, en una especie de *quid inefable*, de corazonada no exteriorizable ni controlable. No puede significar, como desgraciadamente ocurre en la práctica, refugiarse en una cómoda declaración de hechos probados sin exponer las razones por las que lo han sido, pues esa actitud da pábulo a la idea de justicia del cadí, de poder jurisdiccional puramente potestativo, arbitrario e incontrolable. La racionalidad de la decisión probatoria ha de ser controlada, y es evidente que ese control se proyecta sobre las razones que fundamentan la libre convicción del juez y que han de expresarse en la motivación[175]. Por eso, aunque la motivación no es directamente una garantía de verdad de las declaraciones de hechos de la sentencia, sí lo es indirectamente, en la medida en que permite un control sobre ese espacio de discrecionalidad que es el ámbito de la libre valoración[176]. Una concepción racional de la prueba exige, pues, la motivación como su clave de cierre.

Por lo demás, es muy posible que la conciencia de tener que motivar "condicione la formulación de la decisión sometiéndola a controles racionales y jurídicos": no resulta descabellado pensar que la exigencia de motivar "retroactúe" sobre el propio *iter* decisional reforzando su racionalidad; o más exactamente, provocando la expulsión de los elementos de convicción no susceptibles de justificación; propiciando, en fin, que la adopción de la decisión se efectúe conforme a criterios aptos para ser comunicados, en detrimento de la corazonada, que resultará más difícil de justificar[177].

---

[175] Cfr. J. WRÒBLEWSKI, "La prueba jurídica: axiología, lógica y argumentación", en "Sentido" y "hecho" en el derecho, San Sebastián, Universidad del País Vasco, 1989, p. 186.

[176] En el mismo sentido, L. FERRAJOLI, *Derecho y Razón*, cit., p. 154.

[177] Insiste especialmente en esto un juez: P. ANDRÉS IBÁÑEZ: "Carpintería de la sentencia penal en materia de hechos", *Revista del Poder Judicial*, 49, 1998, p. 418.

2. Y motivar no es explicar. Apunte sobre el estilo de la motivación

La motivación es un género de justificación plasmada en el documento de la sentencia, pero queda aún pendiente la cuestión de en qué haya de consistir ésta. La respuesta que se dé a esta cuestión depende de la manera en que se conciban las relaciones entre *valoración* o *descubrimiento* (o sea, el *iter intelectivo* que ha conducido a formular como verdaderas aserciones sobre hechos controvertidos) y *motivación* o *justificación* (o sea, la aportación de las *razones* por las que esas aserciones pueden entenderse verdaderas o probables). Y al respecto cabe decir lo siguiente.

Puesto que justificar un enunciado fáctico consiste en aducir razones que permitan sostener que es verdadero o probable, las razones que constituyen esa justificación son los criterios de probabilidad o aceptabilidad del mismo, o sea son los criterios que están detrás de un proceso de valoración racional. Esto significa que no cabe hablar de justificación y de valoración irracional al mismo tiempo; o sea que en los sistemas donde se impone la obligación de motivar, la valoración debe transcurrir mediante operaciones racionales que son las que después (en la motivación) contarán como argumentos justificatorios[178]. Ahora

---

[178] Sobre la intrínseca relación entre justificación y valoración racional remito a lo expuesto en el capítulo II, epígrafe 1.2 (*La inducción como racionalidad de la justificación y de la valoración*).

bien, esto no autoriza a concebir la motivación como la traslación mimética al documento de la sentencia de todo el proceso de valoración. O si se quiere, no autoriza a considerar la motivación como el espejo del proceso decisorio. Valoración (o proceso decisorio) y motivación (o justificación) deben ser netamente diferenciadas. Y ello al menos por dos razones.

En primer lugar porque aunque el proceso decisorio (o sea, la valoración) pueda (y deba) transcurrir mediante operaciones racionales, no es un proceso *estrictamente* racional, pues en él –ya se dijo– pueden aparecer irremediablemente elementos emotivos o no racionales que no pueden contar como razones justificatorias: no se motiva apelando a la *íntima convicción*, pues ésta no justifica nada, sino apelando a buenas razones capaces de una comunicación intersubjetiva. Pero además, en segundo término, la distinción entre proceso decisorio y justificación cobra una especial importancia en un contexto de prueba *institucionalizado*, donde, en virtud de diversas reglas jurídicas, hay pruebas o informaciones que no deben ser atendidas o conocimientos extraprocesales que no deben ser tomados en consideración. El juez debe entonces adoptar su decisión sobre los hechos "como si" no conociese esos datos, sin embargo es evidente que tales pruebas y conocimientos pueden influir psicológicamente en su decisión. Por ello, al final, este deber de sentenciar "como si" sólo puede controlarse a través de la motivación: el juez debe saber motivar incluso contra su convicción y, como afirma I DVVRQH, "no debe 'hacer decir' a los otros elementos de prueba lo que le hayan podido comunicar los elementos inutilizables"[179]. La necesidad de no mezclar descubrimiento y justificación asoma una vez más; ahora por razones institucionales.

No haber reparado suficientemente en la distinción entre descubrir y justificar es propio de la *concepción mentalista o psicologista* de la motivación, que expresa la posición de quienes entienden que motivar consiste en hacer explícito todo el proceso mental que ha llevado a la decisión, en realizar en definitiva un ejercicio de sinceridad. Es esta concepción psicologista de la motivación lo que hace que algunos sigan viendo imposible (o muy difícil) una rigurosa motivación de la prueba, porque imposible (o muy difícil) resulta la exposición y subsiguiente control de *todo* el proceso mental que ha llevado a la decisión. Y, del mismo modo, sostener que en un órgano colegiado no es exigible (y que es incluso imposible) una motivación exhaustiva, porque no se ve cómo habría de redactarse la sentencia habida cuenta de que los diferentes miembros del colegio han podido llegar a la conclusión por diferente camino, obedece de nuevo, y más claramente que en el caso anterior, a que se está asimilando la motivación a la reproducción del *iter* mental[180]. Cuando por el contrario

---

[179] E. Fassone, "Quaestio facti", *Materiali per un corso di analisis della giurisprudenza*, Padua, cedam, 1994, p. 319.
[180] Aprecia lo mismo J. Igartua, *Valoración de la prueba, motivación y control en el proceso penal*, cit., p. 150.

se distingue claramente entre la motivación y el *iter* decisorio desaparece cualquier diferencia esencial entre la motivación de un juez unipersonal y la de un órgano colegiado: el "fuero interno" de cada uno de los jueces del órgano colegiado se expresará en el debate anterior a la sentencia, y no en la sentencia misma[181].

En suma, *ni absoluto divorcio ni total identificación.* El juez no puede descubrir una verdad que luego no esté en condiciones de justificar mediante unos patrones de racionalidad; y para ello, necesariamente, habrá de hacer uso de tales patrones en el propio proceso de averiguación de la verdad. Pero, a su vez, la motivación puede no coincidir exactamente con el descubrimiento, porque en éste pueden aparecer elementos arracionales de los que no puede hacerse cargo aquélla. La motivación asume, pues, una tarea depuradora sobre la actividad cognoscitiva que reclama del juez una reconsideración de sus iniciales convicciones a la luz de los argumentos racionales, que son los únicos que ineludiblemente ha de emplear para fundar su decisión.

Merece por último la pena hacer unas brevísimas consideraciones sobre el estilo de la motivación; es decir, sobre *cómo* motivar, cómo llevar a cabo en el documento de la sentencia esa tarea justificadora.

Cabe diferenciar en principio dos grandes técnicas o estilos de motivar: uno analítico y el otro

---

[181] G. Ubertis, *Fatto e valore nel sistema probatorio penale,* cit., p. 51.

globalizador[182]. La técnica *analítica* entiende que la motivación ha de estructurarse en una exposición pormenorizada de todas las pruebas practicadas, del valor probatorio que se les ha asignado y de toda la cadena de inferencias que ha conducido finalmente a la decisión. La técnica *globalizadora*, en cambio, consiste, *grosso modo*, en una exposición conjunta de los hechos, en *un relato*, una historia que los pone en conexión en una estructura narrativa.

Ahora bien, si justificar los enunciados fácticos consiste en aportar razones que permitan considerarlos verdaderos (o probables en grado suficiente) a la luz de las pruebas practicadas, entonces el relato, como técnica de motivación, debe ser rechazado, pues no se ve qué tipo de justificación puede aportar: el relato *presupone* la verdad de los enunciados que lo componen, pero no constituye *per se* justificación de los mismos. Más exactamente, nada impide que la decisión probatoria pueda concluir con un relato, pero no con *cualquier* relato, por más coherente y persuasivo que éste sea, sino con uno que pueda estimarse *verdadero*, y por tanto esa veracidad deberá justificarse. El relato, pues, no exime de la necesidad de justificar las afirmaciones que lo componen. Por eso la técnica mo-

---

[182] Estos dos grandes estilos se corresponderían con los dos grandes métodos (analítico y holista) de decisión sobre los hechos. Para un análisis más detallado puede consultarse W. TWINING, *Theories of Evidence: Bentham and Wigmore*, cit., pp. 183 ss. Y en español M. TARUFFO, *La prueba de los hechos*, cit., pp. 307 ss., y bibliografía allí citada.

tivatoria del relato debe ser sustituida por la analítica, consistente en la exposición y valoración individual y ordenada de todas las pruebas practicadas. O en palabras de ANDRÉS IBÁÑEZ, ha de consistir "en dejar constancia de los *actos de prueba* producidos, de los *criterios de valoración* utilizados y del *resultado* de esa valoración"[183]. Este es el único estilo de motivación que permitiría controlar exhaustivamente la entrada en la sentencia de elementos probatorios inaceptables o insuficientemente justificados, y controlar todas las inferencias que componen la cadena de justificación. Y al respecto dos precisiones.

La primera precisión es más bien una insistencia: la motivación –acaba de decirse– debe consistir en la exposición y valoración individual y ordenada de todas las pruebas practicadas. Pero –nótese– de *todas las pruebas* practicadas. Por tanto no sólo de aquellas que versan directamente sobre un hecho principal, sino también de aquellas otras que tienen que ver con la comprobación de un hecho secundario cuando éste constituya una premisa para establecer la verdad de un hecho principal. Y sobre todo no sólo de las que se estimen conducentes a la decisión, sino también de aquellas otras que, de ser valoradas positivamente, conducirían a una decisión distinta[184]. En particular,

---

[183] P. ANDRÉS IBÁÑEZ, "De nuevo sobre la motivación de los hechos", *Jueces para la democracia*, 22 (1994), p. 87.
[184] En el mismo sentido, J. WRÓBLEWSKI, quien estima que la justificación debe indicar también "las razones para rechazar

en una sentencia condenatoria debería justificarse por qué no se han atendido las pruebas exculpatorias; y en una sentencia absolutoria se debería dar cuenta razonada de por qué no se han atendido las pruebas de cargo. La justificación no será completa si no se justifica también por qué no se han atendido estas pruebas.

Por último, la exigencia de motivación *exhaustiva* que deriva del estilo analítico se orienta a hacer de la sentencia un documento autosuficiente, que se explica a sí mismo; un documento que muestra cómo de la actividad probatoria realizada se llega racionalmente al relato fáctico resultante. Por consiguiente no basta con una motivación "sobreentendida" o que remita a las actas. La motivación debe estar hecha de tal modo que "permita al lector *externo* (y más si carece de cualificación técnica) una comprensión cabal de lo sucedido en el enjuiciamiento y del fundamento de la decisión"[185]. Y a este respecto no está de más otra precisión: la exigencia de motivación exhaustiva no puede confundirse (ni por tanto entenderse cumplida) con una motivación simplemente profusa. No se trata de auspiciar motivaciones extensas, prolijas, interminables. Es más, algunas motivaciones extensas, pero

---

las demás pruebas cuya veracidad es dudosa", en "La prueba jurídica...", cit., p. 187.

[185] Con estas palabras se afirma el requisito de la motivación expresa y completa en la (en esto ejemplar) STS 333/2001, Sala Penal, de 7 de marzo, FJ primero (Ponente Perfecto Andrés Ibáñez).

repletas de malabarismos argumentativos y vericuetos dialécticos no sólo resultan poco comprensibles y (al menos en este sentido) poco racionales sino que además pueden ser una pantalla que encubra alguna arbitrariedad[186]. De lo que se trata es más bien de adoptar un estilo de motivación que huya de los argumentos *ad pompam* o *ad abundantiam* y que se ciña a los elementos precisos para hacer racionalmente justificada y controlable la decisión. Como afirma TARUFFO, "la justificación que sigue rigurosos cánones de racionalidad es más completa, pero también más simple y lineal"[187].

3. ALGUNOS DÉFICIT Y MALENTENDIDOS SOBRE LA MOTIVACIÓN DE LA PRUEBA

La obligación de motivar la decisión probatoria forma parte de la obligación, más amplia, de motivar las decisiones judiciales. Sin embargo hay una gran tendencia entre los jueces a infravalorar la obligación de motivar la prueba, y sigue habiendo muchos déficit y malentendidos en la forma de concebir las exigencias que se anudan a la misma. En lo que sigue pretendo hacer un breve repaso de algunos de los más importantes.

---

[186] De esto ya advertía P. CALAMANDREI en *Proceso y democracia*, cit., p. 130.

[187] M. TARUFFO, *Il vertice ambiguo. Saggi sulla cassazione civile*, Bolonia, Il Mulino, 1991, p. 150.

3.1. *La técnica del relato*

Quizás la tara más evidente tiene que ver con el *estilo*
de la motivación. O más exactamente, con el hecho
de que en nombre de la valoración conjunta se abusa
de la técnica del relato.

Como se ha dicho un poco más arriba, la técnica
de motivación adecuada es la analítica, que consiste,
muy someramente, en exponer las pruebas practicadas, los criterios que han guiado la valoración y el
rendimiento de los mismos. En la práctica judicial,
sin embargo, domina abrumadoramente la técnica
del relato, que basa la justificación en la coherencia y persuasividad de la narración y que está muy
vinculada al principio de valoración o apreciación
conjunta de la prueba. De hecho, la configuración
del relato de los hechos de la causa "se produce teniendo en cuenta valoraciones de conjunto más que
los concretos elementos de prueba"[188]. Es más, el
principio de valoración conjunta *propicia* esta técnica,
pues si el juez puede valorar libremente la prueba
con fundamento en la apreciación conjunta, no debe
extrañar que, con el exceso de trabajo que pesa sobre
los tribunales, termine haciendo un relato genérico
de los hechos probados sin razonar los motivos ni las
fuentes mediante los cuales la prueba se ha conseguido[189]. Sin embargo al recurrir al relato se hurta a

---

[188] M. Taruffo, *La prueba de los hechos*, cit., p. 309.
[189] Cfr. M. Serra Domínguez, "El derecho a la prueba en el proceso

la motivación una de sus principales funciones, la de limitar, a través de los recursos, la actividad irracional o arbitraria del juez: difícilmente podrá controlarse la racionalidad de la decisión probatoria mediante los recursos si en la sentencia no se expresan los criterios que pretendidamente la sostienen y se opta por una simple narración fáctica. La valoración conjunta, pues, o el recurso al relato como resultado de la apelación a ella, es al final un subterfugio "formal" que hace pasar por discurso justificatorio lo que no lo es en absoluto; un expediente que propicia y encubre la ausencia de motivación.

De todos modos la técnica analítica no desprecia o prescinde de la valoración conjunta ni del relato resultante; tan sólo la priva de valor justificatorio si no va precedida de la exposición y valoración individualizada de las pruebas practicadas que, después, se valoran conjuntamente. En otros términos, en el estilo analítico "la valoración conjunta no viene *en lugar*, sino *después* de la valoración singularizada de los medios de prueba"[190]. Por lo demás, la valoración

---

civil español", *Libro Homenaje a Jaime Guasp*, Granada, Comares, 1984, p. 582. Los lamentos sobre los perversos resultados que la práctica de la valoración conjunta tiene para la motivación son numerosos. A título de ejemplo, cfr. V. Cortés, en J. Almagro et al., *Derecho Procesal*, t. i (vol. i), *Parte general, Proceso Civil* (1), Valencia, Tirant lo Blanch, 3.ª ed., 1988, p. 385; J. Montero Aroca, *La prueba en el derecho civil,* Madrid, Civitas, 1996, p. 324; y M.Taruffo, *Il vertice ambiguo*, cit., p. 143.

[190] J. Igartua, *Discrecionalidad técnica, motivación y control jurisdiccional*, cit., p. 143.

conjunta no sólo no es despreciada sino que cobra
pleno sentido si se tiene en cuenta que la justificación de los hechos dista, por lo general, de ser algo
simple. La mayoría de las veces, en efecto, son muchos los elementos probatorios de tipo diverso que
concurren en favor o en contra de una hipótesis, y no
todos tienen el mismo valor probatorio y por tanto
justificatorio; la justificación de la hipótesis se ha de
fundar en estos casos en la valoración conjunta de
todos estos elementos. En suma, en el estilo analítico
la valoración conjunta cumple su papel cuando ya se
ha justificado individualmente la valoración de cada
prueba relevante practicada, y traduce en realidad la
exigencia de ponderar, de cara a la justificación final,
el valor probatorio de todas esas pruebas conjuntamente consideradas.

3.2. Motivación tácita, motivación parcial
o no exhaustiva y motivación por remisión

Otro importante déficit de la praxis de la motivación
lo constituye el hecho de que no se presta demasiada
atención a las exigencias que derivan de la obligan de
motivar, de manera que, con demasiada frecuencia,
cualquier cosa termina valiendo como motivación.
Muy brevemente, las exigencias de motivación se
relajan en exceso[191].

---

[191] El propio Tribunal Constitucional español, que en su primera
etapa se esforzó en dilucidar el sentido y la sustancia de la

Así sucede, en primer lugar, cuando se admite que la motivación puede ser *implícita o no expresa*. Cuando se señala, por ejemplo, que aun cuando la resolución judicial no contenga manifestación expresa del juicio que ha llevado al juez a adoptarla, ello no significa que carezca de motivación suficiente, "puesto que los datos de hecho consignados en la misma, contemplados en relación con los que obran en el proceso y en la sentencia de la cual es consecuencia, revelan de manera suficiente, aunque sea implícita, las razones y el discurso lógico que determinaron la decisión judicial"[192]. Es evidente, sin embargo, que con la motivación implícita se defraudan las dos principales funciones que la motivación está llamada a cumplir, la extraprocesal y la endoprocesal: si no se expresan las razones que pretendidamente apoyan la

---

obligación de motivar, ha hecho descansar posteriormente el contenido de esta obligación en la fórmula estereotipada de la *motivación suficiente*. Pero la doctrina de la *motivación suficiente*, fórmula lábil e imprecisa donde las haya, ha contribuido a producir algunas rebajas en la obligación de motivar. La suficiencia, en efecto –reitera machaconamente el TC (cfr. por todas STC 226/1992, de 14 diciembre, FJ primero)– puede variar según la naturaleza de la decisión y las circunstancias del caso. Pero entonces se abre la puerta a que cualquier cosa pueda valer como motivación suficiente, lo que en muchos casos permite motivaciones muy debilitadas: motivaciones implícitas, de plantilla o de programa informático, etc. Sobre el particular, vid. S. E. RODRÍGUEZ BOENTE, *La justificación de las decisiones judiciales. El artículo 120.3 de la Constitución española*, Universidad de Santiago de Compostela, 2003, pp. 254 ss.

[192] STC 122/1991, de 3 de junio, FJ segundo.

decisión, difícilmente podrá decirse que el ejercicio de poder que la decisión representa se somete a un control público o democrático, y difícilmente podrá ejercerse sobre ellas un control jurídico posterior. En realidad, el recurso a la motivación implícita permite considerar motivado lo que en puridad carece de toda motivación. Por ello es una de las doctrinas sobre la motivación más criticables.

Pero además, en segundo lugar, se produce otra rebaja en el deber de motivar cuando se insiste en que no es necesaria una motivación exhaustiva o pormenorizada y que la exigencia de motivación suficiente puede entenderse cumplida con una *motivación parcial, escueta, sucinta, lacónica o poco intensa*[193]. Es más, a veces se admite incluso que los razonamientos puedan ser expuestos "por referencia a los que ya constan en el proceso"[194]. La jurisdicción de apelación, por ejemplo, rechazando un recurso, puede limitarse a hacer suyos los motivos de la decisión tomada. Es

---

[193] Para dar cumplimiento a la obligación de motivar, dice el TC español, no es obligado realizar "un razonamiento judicial exhaustivo y pormenorizado [...] sino que deben considerarse suficientemente motivadas aquellas resoluciones judiciales que vengan apoyadas en razones que permitan conocer cuáles han sido los criterios jurídicos esenciales fundamentadores de la decisión", stc 14/1991, FJ segundo.

[194] stc 184/1988, de 13 de octubre, FJ segundo. Para una visión de esta doctrina, reiteradísima por lo demás, cfr. por todas stc 70/1990, de 5 de abril, FJ quinto y stc 146/1990, de 1 de octubre, FJ segundo.

decir, se admite también, por suficiente, la llamada
motivación por remisión.

La doctrina de la motivación parcial o no exhaustiva, tan aparentemente inocua, puede tener efectos
demoledores sobre la motivación, pues al establecer
que la Constitución "no garantiza el derecho a que
todas y cada una de las pruebas aportadas por las
partes al litigio hayan de ser objeto de un análisis
explícito y diferenciado"[195], permite considerar suficientemente motivadas aquellas decisiones en las
que el órgano jurisdiccional sólo da razones de por
qué se han atendido las pruebas que apoyan directamente la decisión, pero sin indicar al propio tiempo
las razones por las que se han rechazado o no se
han atendido aquellas pruebas que, de ser valoradas
positivamente, conducirían a una decisión distinta.
Se comprenderá sin esfuerzo que esta praxis es una
forma de burlar el sentido de la motivación, pues
de nada sirve exigir la motivación de la decisión
probatoria si luego se permite la selección, a efectos
justificatorios, de las pruebas: resultará muy fácil a
un juez o tribunal excluir en la motivación aquellas
pruebas relevantes cuyos resultados no coincidan o
contrasten con la reconstrucción de los hechos que se
pretende justificar. Por eso, si no quiere escamotearse
a la motivación su sentido justificatorio no debería
rebajarse la exigencia de examinar y valorar *todas*
las pruebas relevantes, y por consiguiente también

---

[195] Auto del Tribunal Constitucional 307/1985.

(o sobre todo) las que no avalan la reconstrucción de los hechos que se justifica.

Y no menos criticable resulta la técnica de la motivación por remisión, pues es evidente que, al "facilitar" enormemente el cumplimiento del deber de motivar, esta técnica puede propiciar (sobre todo teniendo en cuenta el volumen de asuntos que a veces tienen los órganos jurisdiccionales) la conformidad del juez con los razonamientos ya expuestos en el proceso, por más débiles e insuficientes que estos sean, omitiendo así un esfuerzo argumentativo que podría haber conducido a depurarlos e incluso a abandonarlos (y con ellos la decisión que soportan). Es decir, la técnica de la motivación por remisión puede propiciar que se asuman decisiones poco satisfactorias o racionales por el fácil expediente de la remisión a su motivación.

3.3. *La inexigibilidad de motivación de la prueba directa*

Pero quizás la insuficiencia más grave que presenta la praxis de la motivación de la prueba sea que, merced a una serie de malentendidos y lastres irracionalistas, siguen quedando exentas de motivación amplias áreas del juicio de hecho.

No puede negarse que en los últimos años la mayoría de los sistemas jurídicos, particularmente a través de la jurisdicción constitucional, han ido extendiendo la necesidad de motivar las sentencias también al ámbito de la prueba, y en concreto a lo que constituye

su núcleo esencial: la valoración[196]. Ahora bien, la
mayoría de las veces esa apertura a la motivación
se circunscribe a la denominada prueba *indiciaria o
indirecta*, porque las exigencias de racionalidad (y
consiguientemente de motivación) se debilitan en
relación con la denominada prueba *directa*. Más exactamente, en doctrina jurisprudencial muy extendida[197],
cuando se trata de la prueba indiciaria la valoración
libre no equivale a valoración de indicios carente
de razonamiento alguno, pero cuando se trata de la
denominada prueba directa el mismo principio (el
de libre valoración libre) ampara justamente la tesis
contraria: la de que no es exigible, porque es incluso
imposible, la motivación. Esta doctrina –aplaudida o
por lo menos bien acogida por un importante sector
de la literatura jurídica– se explica a mi juicio por una
errónea percepción de la denominada prueba directa
que se vincula a una concepción extremadamente

---

[196] Si el proceso valorativo fuese meramente interno –decía el
Tribunal Constitucional español ya en sus primeros años de
funcionamiento– no habría manera de controlar si es arbitrario,
irracional o absurdo. Por eso, aunque la legislación procesal no
obligue a motivar esta parte de la sentencia, es un imperativo
constitucional (ex art.120.3) que la sentencia "recoja en su texto
el desarrollo lógico que lleva al juzgador a considerar probados
los hechos que fundamentan la condena" (STC 174/1985, de 17
de diciembre, FJ séptimo).

[197] Esta es, por ejemplo, la doctrina dominante del Tribunal
Constitucional español (y también desde luego la del Tribunal
Supremo).

subjetivista del principio de libre valoración en el ámbito de la inmediación. Veámoslo con más detalle.

Como ya se expuso en el capítulo segundo, la doctrina y, sobre todo, la jurisprudencia cifran la distinción entre la prueba directa y la indirecta básicamente en la presencia o ausencia de razonamientos o inferencias. *Prueba directa*, cuyo ejemplo paradigmático es la testifical, es aquella que versa directamente sobre el hecho que se pretende probar, por lo que la convicción judicial sobre ese hecho *surge directa y espontáneamente*, sin mediación alguna ni necesidad de raciocinio, del medio o fuente de prueba. *Prueba indirecta* o *indiciaria* es aquella en la que el hecho que se pretende probar surge mediante el *razonamiento o la inferencia* a partir de otros hechos (o indicios) acreditados. Además, y conectado con lo anterior, parece que la espontaneidad en un caso y la necesidad de razonar en el otro conlleva también una *diferente calidad epistemológica* de sus resultados: mayor en el primer caso, porque al estar ausente el razonamiento no hay riesgo de error, y menor en el segundo, justamente por lo contrario. Vimos ya sin embargo que esta distinción, así trazada, resulta inaceptable, pues se funda en una acrítica percepción de la llamada prueba directa[198]. Analizada rigurosamente, *no hay ninguna distinción esencial entre la llamada prueba directa y la indirecta desde el punto*

---

[198] Remito a cuanto se expuso en el capítulo 2, epígrafe 2.1 sobre lo infundado de esta doctrina.

de vista del razonamiento, pues en ambos casos están presentes inferencias de la misma clase.

Esto, naturalmente, tiene consecuencias importantes de cara a la motivación: si entre la llamada prueba directa y la indirecta no hay ninguna diferencia esencial, tan exigible (y posible) es la motivación de la primera como la de la segunda. Sin embargo, en la doctrina y en la praxis judicial sigue muy presente esa errónea concepción de la prueba directa comentada que hace de la motivación una tarea inexigible e imposible. Y ello en virtud de una interpretación de la libre convicción como convicción íntima y libérrima que el juez obtiene en la inmediatez con el material probatorio.

Históricamente la inmediación, es decir la intervención personal y directa (in-mediata) del juez en la práctica de la prueba, se vincula a la construcción de un proceso oral y público, caracterizado por la realización de todas las actuaciones procesales en presencia de las partes y de terceros como medio más idóneo para garantizar el ejercicio no arbitrario del poder y para asegurar una verdad procesal de superior calidad que la proporcionada en un proceso escrito y secreto. En este contexto la inmediación, es decir el contacto directo o libre de interferencias del juez con las fuentes de prueba, y particularmente las de carácter personal, responde justamente a esa necesidad de concentrar los actos procesales (y por tanto también los de prueba) en el proceso público, evitando que las pruebas lleguen a él ya formadas o contaminadas. Por eso la inmediación, rectamente

entendida, es –en elocuente expresión de Andrés
Ibáñez– una *técnica de formación de las pruebas*, y "su
vigencia impide al juzgador recibir o hacerse eco de
la información obtenida por otros sujetos y en otros
momentos anteriores al juicio propiamente dicho"[199].
Y por eso también la inmediación suele presentarse
como la condición inexcusable para la libre valoración, pues sólo fundando el juez su convicción en la
percepción inmediata recibida y no en referencias
ajenas –se argumenta– puede reputarse ésta como libre.

Sin embargo, la idea que ha arraigado en la doctrina
y sobre todo en la praxis judicial (el punto de vista
tópico) es que la inmediación es *un método de adquisición
de conocimiento*, o de convencimiento del juez[200]; que la
gran ventaja (e incluso el sentido) de la inmediación
consiste en proporcionar al juzgador la percepción
directa de características de la declaración como la
expresión del rostro, el tono de la voz, la firmeza o
vacilación en las afirmaciones, los gestos de turbación
o sorpresa ante las preguntas y otras tantas circunstancias "a través de las cuales pueda el Juez o Tribunal
de instancia fundar su íntima convicción acerca de la
veracidad o mendacidad de la declaración"[201]. Pero si
la convicción del juez es el resultado de su exposición
directa al material probatorio (a través de la cuál se

---

[199] P. Andrés Ibáñez, "Sobre el valor de la inmediación (Una
aproximación crítica)", *Jueces para la democracia*, 46 (2003), p.
58.

[200] Ibídem, pp. 59 y 65.

[201] stc 217/1989, FJ quinto.

da cuenta de si el testigo tiembla o titubea, si suda o está entero, y –mediante todo ello– si dice la verdad o miente[202]), entonces esa convicción no es susceptible de exteriorización ni por consiguiente de motivación y control[203]. En otras palabras, como es evidente que

---

[202] Esta es –insistimos en ello– una tesis sostenida tranquilamente en la doctrina y la jurisprudencia. Valga otro ejemplo contundente: "Se trata –dice el Tribunal Supremo español– de valorar en la vista los gestos, las actitudes, las turbaciones y las sorpresas de cuantos intervienen en el plenario, todo lo cual permite a aquellos [los jueces] fundar su íntima convicción acerca de la veracidad o mendacidad de las respectivas declaraciones" (sts, Sala Segunda, de 24 de mayo de 1996). Y otro aún: La inmediación permite al juez valorar no sólo "lo que el testigo ha dicho, sino también su disposición, las reacciones que sus afirmaciones provocan en otras personas, la seguridad que transmite, en definitiva, todo lo que rodea una declaración y que la hace creíble, o no" (sts, Sala Segunda, de 22 de junio de 2004).

[203] Un ejemplo claro de la conexión entre concepción extremadamente subjetivista de la libre valoración, proporcionada por el principio de inmediación, y enervación del deber de motivar: "La convicción que, a través de la inmediación, forma el tribunal de la prueba directa practicada a su presencia depende de una serie de circunstancias de percepción, experiencia y hasta *intuición*, que no son expresables a través de la motivación" (sts, Sala Segunda, de 12 de febrero de 1993. Subrayado Añadido). Y otro ejemplo: se considera bien motivada la sentencia impugnada porque "expresa paladinamente la fuente probatoria de la que se vale prioritariamente (las declaraciones de la víctima) y porque *sugiere* también la *credibilidad de los testimonios utilizados* [...] Puede parecer una explicación parca, pero *no es lo decisivo... la extensión, el detalle o la claridad en la expresión de los motivos, sino su propia existencia* y su suficiencia para transmitir las razones jurídicas esenciales de la decisión judicial. Es palmario que ello

las *impresiones* recibidas por el juez en la inmediatez con el material probatorio (y sobre las que se funda la convicción) no pueden ser comunicadas, lo que viene a sostenerse es que *en el ámbito de la inmediación el juez es dueño de su valoración*. La libre convicción se entiende entonces como valoración libre, subjetiva y esencialmente incomunicable e incontrolable, como una especie de momento íntimo (y casi místico) capaz de permitir la valoración discrecional y no discutible de la prueba. El principio de inmediación, en relación con el de libre valoración, instituye de este modo una zona opaca al control racional.

Es precisamente esta lectura "subjetivista" de la libre convicción en el ámbito de la inmediación lo que ha permitido al Tribunal Supremo español (y a una parte importante de la doctrina procesalista) mantener la existencia de dos niveles de valoración, uno exteriorizable y controlable y el otro no: el primero, constituido por los razonamientos que el juez pueda realizar a partir de los datos que directamente ha percibido en el juicio oral; el segundo, *incontrolable*, constituido por aquellos aspectos de la valoración que dependan sustancialmente de la inmediación, o sea de la percepción directa de las declaraciones prestadas en presencia del tribunal de instancia[204].

---

sucede así en la sentencia impugnada, *máxime cuando [...] la convicción del juzgador se fundamentó en percepciones inherentes a la inmediación judicial que son de difícil comunicación*" (stc 225/1997, de 15 de diciembre, FJ séptimo. Subrayados añadidos).

[204] Cfr., por ejemplo, sts, Sala Penal, de 11 de abril de 1995. Y,

Como consecuencia de esta distinción de niveles de valoración, sólo se insiste en la necesidad de motivar la llamada prueba indirecta (por hacer entrada en ésta el razonamiento del juez), mientras que se alivian (hasta casi anularse) las exigencias de motivación de la prueba directa[205] (pues esta prueba, por versar directamente sobre el hecho que se pretende acreditar, quedaría cubierta toda ella por el "paraguas" de la inmediación, y por tanto de la convicción libérrima, subjetiva e incomunicable)[206]. En este sentido –aclara aún más esta doctrina– la cuestión de la credibilidad de los testigos queda fuera de las exigencias de motivación y de las posibilidades de revisión[207].

---

avalando la existencia de esos "dos niveles" de valoración, E. BACIGALUPO, "Presunción de inocencia, *in dubio pro reo* y recurso de casación", *Anuario de Derecho Penal y Ciencias Penales*, 1988, II; e íd., "La impugnación de los hechos probados en el recurso de casación penal. Reflexiones sobre un decenio de aplicación del art. 24.2 CE", *Estudios de Jurisprudencia*, 1992, 1.

[205] "Tratándose de pruebas directas –dice el Tribunal Supremo–basta con su indicación, sin que sea preciso, en principio, ningún especial razonamiento, como por el contrario es necesario cuando de pruebas indirectas se trata" (STS, Sala Penal, de 25 de abril de 1996).

[206] Es precisamente por esto por lo que se sostiene que en la prueba directa la valoración surge espontáneamente, sin necesidad de raciocinio, del medio o fuente de prueba.

[207] Se afirma en concreto "la exclusión del objeto de la casación de la cuestión de la credibilidad de los testigos, en la medida en la que ésta depende de la inmediación, es decir, de la percepción sensorial directa de la producción de la prueba. Se trata, en tales casos, de una cuestión que no puede ser revisada en un recurso que sólo tiene la posibilidad de controlar la estructura racional

Es evidente que la comentada exclusión del deber de motivar la prueba directa representa una de las taras más graves de la cultura de motivación, pues –insistamos en ello– en la prueba directa están presentes (como en la indirecta) inferencias y razonamientos que, por tanto, deberían de ser consignados en la sentencia. Por eso un mínimo compromiso con la racionalidad requiere superar esa injustificable e inaceptable exclusión; requiere superar, pues, esa concepción extremadamente subjetivista de la libre valoración en el ámbito de la inmediación que se encuentra en el origen de la misma[208]. Si la decisión probatoria ha de ser motivada, la motivación debe extenderse también a la denominada prueba directa;

---

de la decisión sobre los hechos probados. (STS 2869/2009, de 17 de diciembre, Sala Segunda, fundamento segundo, ponente Juan Saavedra).

[208] Por supuesto hay sentencias ejemplares en este aspecto. Por citar alguna: la STS 7977/2009, de 30 de diciembre, Sala Segunda, ponente Juan Ramón Berdugo, que –siguiendo la terminología de P. Andrés Ibáñez antes citada– entiende que "la inmediación es una técnica de formación de la prueba […] pero no es ni debe ser considerada como un método para el convencimiento del Juez". Precisamente por eso "no es ni debe ser una coartada para eximir al Tribunal sentenciador del deber de motivar". Y afirma –con algún optimismo– que "hoy puede estimarse totalmente superada aquella jurisprudencia que estimaba que la convicción que, a través de la inmediación, forma el Tribunal de la prueba directa practicada a su presencia depende de una serie de circunstancias de percepción, experiencia y hasta intuición que no son expresables a través de la motivación..." (fundamento segundo).

máxime si se considera que es precisamente ésta la que constituye el material probatorio esencial (y a veces casi el único) en muchos procesos. La motivación no será completa si no se justifica también cómo se ha valorado esa prueba.

4. CONSIDERACIÓN FINAL.
DIRECTRICES SOBRE LA MOTIVACIÓN

Aunque en las posiciones más reflexivas está muy claro que la obligación de motivar se extiende también al ámbito de la decisión probatoria, la cultura de la motivación de la prueba no ha entrado aún plenamente en el aire que respiran los juristas: está muy arraigada la concepción psicologista de la motivación, se sigue abusando de la valoración conjunta y de la técnica del relato, se admite (y hasta se exalta) la motivación no exhaustiva, por remisión e incluso la motivación implícita o no expresa y, sobre todo, siguen quedando exentas de la obligación de motivar amplias áreas del juicio de hecho. Queda, pues, mucho camino por andar.

En general, detrás de toda esta práctica de malentendidos y alivios en la obligación de motivar se oculta todavía una concepción extremadamente engañosa del poder judicial que pretende disimular los amplios márgenes de discrecionalidad e incertidumbre en que se desenvuelve su acción; una concepción formalista y pretendidamente aséptica que se refleja en una exaltación de tecnicismos jurídicos para em-

boscar los juicios de valor y los espacios de decisión
no reglada. El juez no aparece como alguien que
detenta un poder social que le ha sido delegado, y
de cuyo ejercicio debe rendir cuentas, sino como un
burócrata ducho en el conocimiento de la ley y en el
manejo de técnicas que aplica escrupulosamente y
según procedimientos repetitivos y estandarizados[209].
Pareciera, en fin, que es el diestro manejo de esas
técnicas jurídicas que escapan al público profano lo
que permite mantener esa imagen de asepsia y de
infalibilidad o solución certera. Lo cual explica que
la obligación de motivar se considere tantas veces
una tarea ociosa (y hasta odiosa).

Lo cierto, sin embargo, es que detrás de todo ese
tecnicismo se oculta un ejercicio de poder no controlado que pugna con el constitucionalismo como
cultura de los derechos frente al poder, siempre po-
tencialmente abusivo; es más, las propias técnicas y
conceptos jurídicos parecen muchas veces diseñados
para evitar controles: piénsese si no en esa interpretación subjetivista de la libre valoración en el ámbito
de la inmediación, que consagra la imposibilidad e
inexigibilidad de motivar la decisión probatoria y su
"irrevisabilidad" por cualquier otro órgano que no
haya presenciado en directo la prueba. Por eso, si se

---

[209] De ahí que no sean casuales los nexos entre formalismo o
mecanicismo y concepción burocrática de la función judicial: J.
Igartua, *La motivación de las sentencias*, cit., p. 102, y M. Taruffo,
"Il modello burocrativo di amministrazione della giustizia",
Democracia e diritto, 1993, 3.

quiere controlar el ejercicio de poder que la decisión probatoria representa será preciso abandonar todas estas técnicas y prácticas que impugnan o rebajan la obligación de motivar. Y (antes aún) será preciso superar ese extendido escepticismo que, apoyado en una suerte de falacia naturalista o determinista, sostiene que las cosas son como son porque no pueden ser de otro modo. No bajar la guardia en las exigencias de motivación y control es clave para abrir la prueba al ámbito de la racionalidad.

Merece, pues, la pena terminar recordando brevemente las reglas sobre la motivación que derivan de las consideraciones hechas en este capítulo.

1. *Motivar es justificar*. La motivación no puede entenderse cumplida si no se aportan *razones* que permitan sostener como correcta la decisión judicial fáctica, y esas razones no pueden ser otras que los criterios que sustentan una valoración racional. La reproducción del *iter mental* del decisor no puede ser, sólo por eso, justificación suficiente.

2. *Motivar exige explicitar las pruebas usadas y el razonamiento* que ha conducido, a partir de las mismas, a la declaración de hechos probados. El razonamiento exigible a efectos de motivación debe permitir pasar de los datos probatorios a los hechos probados, según las reglas de inferencia aceptadas y las máximas de experiencia usadas. No es, por consiguiente, admisible la motivación *implícita*, que no es sino ausencia de motivación, y se debe ser extremadamente cauteloso y restrictivo en el uso de la motivación *parcial* y la motivación *por remisión*.

3. *Todas las pruebas requieren justificación*. También, por tanto, la llamada *prueba directa*. El principio de inmediación es un principio de formación de pruebas, y no puede servir para instituir una zona opaca al control judicial.

4. *La motivación exige una valoración individualizada de las pruebas practicadas*: la valoración conjunta no sustituye a (sino que viene después de) esa valoración singularizada de las pruebas.

5. *Han de considerarse todas las pruebas practicadas*. En particular, una sentencia condenatoria debe dar (también) cuenta razonada de por qué no se han atendido las pruebas exculpatorias; y una sentencia absolutoria debe dar (también) cuenta razonada de por qué no se han atendido las pruebas inculpatorias.

www.ingramcontent.com/pod-product-compliance
Lightning Source LLC
Chambersburg PA
CBHW021557210326
41599CB00010B/478